Ingrandimenti

Antonella Landi

TUTTA COLPA DEI GENITORI

La versione della profe

MONDADORI

Dello stesso autore

nelle edizioni Mondadori

La profe. Diario di un'insegnante con gli anfibi
Storia parecchio alternativa della letteratura italiana

Gli episodi raccontati in questo libro sono tratti dalla mia esperienza di insegnante. I nomi e i cognomi dei ragazzi sono inventati. Ci mancherebbe altro.

Tutta colpa dei genitori
di Antonella Landi
Collezione Ingrandimenti

ISBN 978-88-04-60475-4

I edizione ottobre 2010

Indice

11 *Premessa*

Parte prima
DEL GENITORE

15 Del genitore assente
18 Del genitore disarmato
21 Del genitore "tennologicamente inniorante"
24 Del genitore che ha studiato
27 Del genitore che fa sfoggio di cultura
29 Del genitore che "Troppo studio fa male"
33 Del genitore che fa i compiti al figlio
37 Del genitore che s'identifica nel figlio
41 Del genitore delegante
44 Del genitore che chiama i carabinieri
48 Del genitore troppo presente
52 Del genitore "ggiòvane"
55 Del genitore che "Lasciamo che si esprimano!"
59 Largo al bon ton
64 Buon compleanno
68 Del genitore iperattivo
71 Del genitore che "Chi te lo fa fare?"
73 Del genitore che "Fosse per me!"
76 Del genitore spia

78 Del genitore che allunga le mani
81 Del genitore arrogante
85 Del genitore che picchia gli insegnanti
88 Del genitore competitivo
90 Dei nonni perniciosi
93 Del genitore che non c'entra
96 Elogio del dolore
100 Bisogno d'autostima
104 Del genitore che si oppone al taglio del cordone
108 Del genitore che riflette
111 Perché non studi?

Parte seconda
DIMMI CHI SEI (E TI DIRÒ CHE GENITORI HAI)

117 L'insicuro
120 L'emotivo
124 L'impudica
127 Il bullo
130 L'insolente
134 L'innamorato
138 Il bugiardo
142 I prigionieri
145 La depressa
149 Il secchione
153 L'invisibile
155 La ribelle
159 Il piagnone
162 L'extracomunitario
165 Il figlio di papà
168 Il figlio di separati
172 Il figlio di puttana

Tutta colpa dei genitori

Alla mia mamma Wilma
e al mio babbo Romano.
Genitori in altri tempi.
Genitori d'altri tempi.

I vostri figli non sono figli vostri. (...) E benché vivano con voi, non vi appartengono.

KAHLIL GIBRAN

Credi che basti avere un figlio per essere un uomo e non un coniglio?

VASCO ROSSI

Ulli ulli. Chi li fa, se li trastulli.

ADAGIO POPOLARE TOSCANO

Premessa

Quando gli insegnanti s'incontrano con i genitori degli alunni, è tutto un turbinio di parole leggere e discorsi profondi, problematiche gravi e domande esistenziali, analisi familiari e confessioni sincere, *mea culpa, tua culpa, sua culpa.*

Ma insomma, di chi è la colpa?

La colpa del caos educativo che si legge sui giornali, dell'emergenza pedagogica di cui parlano gli esperti, di chi è? Perché i ragazzi studiano poco, studiano male, non studiano affatto? Perché è impossibile parlare con loro, farsi ascoltare? Perché è così difficile stabilire le regole e farle osservare?

Uno dei giochi mentali da cui faccio precedere l'incontro con le famiglie consiste nell'indovinare, prima ancora che me lo dica stringendomi la mano, di quale alunno potrebbe essere genitore quel babbo o quella mamma che mi si presenta davanti.

Nove su dieci, ci do. La fisiognomica, benché disciplina pseudoscientifica, spesso è più esatta di quanto non si creda.

Il colloquio con le famiglie non apre porte: spalanca portoni. E quando si conclude, di solito con una stretta di mano e un sorriso a tutti denti, l'immagine di questo o quello studente appare molto più nitida, priva di nebulosità, meravigliosamente tersa.

A voler essere sincera, i genitori oggi mi sembrano disorientati. Attoniti. Meno solidi, meno sicuri di quelli che abbiamo avuto noi. Meno pronti a rappresentare punti di riferimento forti. Semmai più adatti a impersonare la crisi di questo tempo. E i figli mi sembrano più disorientati e attoniti dei loro genitori. Quasi sbigottiti di fronte a certi atteggiamenti sconcertanti degli adulti, disillusi al cospetto del mondo che hanno preparato per loro.

Mi si dirà che non sono un'esperta. In effetti la laurea ce l'ho in Lettere e filosofia, non in Psicopedagogia.

A dirla tutta non ho neanche dei figli.

Ma da diciotto anni a questa parte faccio l'insegnante e questo, tradotto in un calcolo numerico che ipotizza una ventina di alunni per ciascuna delle quattro classi assegnate in media per anno a ogni docente, fa sì che io abbia frequentato qualcosa come millequattrocentoquaranta ragazzi. E che li abbia frequentati non limitandomi a impararne a memoria il nome e il cognome, ma abbia cercato anche di conoscere i meccanismi della loro testa, di comprendere le regole del loro cuore, di studiare (e ricordare) le esigenze che si hanno a quell'età.

Ogni settimana mi relaziono con i genitori di questi ragazzi, tanto che – sempre in virtù del calcolo numerico impostato sopra – posso dire di averne conosciuti qualcosa come duemilaottocentottanta, mamma più babbo meno. E di averli conosciuti non per ragionare con loro di ricette gastronomiche o previsioni meteorologiche, ma per discutere dell'argomento che più ci accomuna e più ci interessa: i loro figli.

E così, rinvoltata fra tutti questi numeri, una certezza, una sola, ma fortissima e tenace, mi si è conficcata nella testa: finché i genitori non andranno nella stessa direzione della scuola, e non combatteranno dalla stessa parte della barricata, e non remeranno con gli insegnanti lungo il medesimo senso del fiume, le fatiche di tutti saranno completamente sprecate.

Parte prima

DEL GENITORE

Del genitore assente

Sabato mattina, classe seconda superiore, ultime due ore di lezione, attività didattica "Il quotidiano in classe", ossia impara a maneggiare, leggere e interpretare il giornale.

Quel giorno, in particolare, si dà la notizia dell'avvenuta riunificazione del gruppo musicale dei Litfiba, ufficializzata sul sito Web della rock band fiorentina che imperversò negli anni Ottanta e Novanta e che adesso torna negli stadi e nei palazzetti con concerti da sold out.

«Come non li conoscete?!»

Ammettono candidi di non avere idea di chi siano quel tipo coi capelli lunghi e il viso spigoloso né quell'altro col facciotto cicciottello.

Allora colgo l'occasione per non fare solo poesia, letteratura, epica, grammatica e storia, ma (nel sogno folle di una cultura a tutto tondo) assegno un lavoro di musica contemporanea: cercherete in Rete o altrove più notizie possibile sulla storia di questo gruppo, le raccoglierete trascrivendole nel vostro stile e poi le visioneremo insieme in classe.

E loro, piccini, fanno esattamente come dico: cercano, trovano, raccolgono, leggono, riassumono, elaborano, confezionano e consegnano. Lavoretti, oltretutto, indiscutibilmente dignitosi.

A nessuno però viene la curiosità intellettuale di ascoltare un pezzo, di cercare nella sezione "Video" di Google una testimonianza visiva e sonora di quello su cui si sono documentati.

«Ma come! Nessuno di voi ha chiesto ai genitori, che avranno l'età mia e quindi coi Litfiba ci saranno cresciuti come me, di cantare una canzone, di citare una frase imperitura, che ne so, *con il cuore in quella piazza/tieni a mente Tienanmen*?»

Nessuno.

Ma non solo. Tutti sostengono di ignorare completamente i gusti musicali del babbo e della mamma, di non parlare mai con loro di queste cose, di non parlare quasi mai con loro, perché loro sono sempre a lavorare, sono sempre assenti e, quando presenti, sono sempre di corsa.

Aspetto che l'espressione di perplessità scioccata si dissolva dal mio volto e passo al contrattacco. Elaborare un testo scritto che analizzi il proprio rapporto con i genitori, calcolando il tempo trascorso insieme a loro e commentandone il livello qualitativo.

I ragazzi, si sa, sono sinceri. Talmente sinceri da risultare disarmanti. Così sinceri da commuovere.

Io un po' mi sono commossa (ma per il dispiacere) quando ho letto il resoconto cronachistico di una loro giornata-tipo. Volendo ricorrere a un numero per stabilire quanto tempo i giovani passano insieme ai loro familiari, non c'è bisogno di cercare cifre alte. Basta arrivare al *trentacinque*. Tanti sono (ma arrotondando per eccesso) i minuti di vita familiare condivisa.

Si comincia la mattina, con una colazione che si protrae per il tempo necessario a ingurgitare qualcosa di solido e sorbire qualcosa di liquido. La mattina non si parla perché (notoriamente) agli adolescenti i coglioni girano a manetta. La verifica? L'interrogazione? Macché. Il trucco. Il parrucco. Il tipo che non mi degna di uno sguardo. La tipa che mi fa rimbalzare. L'amico che mi ha tradito. La compagnia che non mi accetta.

E poi si parte. Se la scuola sta nella stessa direzione del luogo di lavoro, il genitore dà uno strappo, sennò la corsa al treno, all'autobus, al motorino, con la prospettiva di rivedersi a casa.

«Sì, ma quando?»

Il settanta per cento dei ragazzi, quando torna a casa, non trova nessuno. Il babbo non rientra prima di sera, la mamma – spesso – pure. Entrambi lavorano. Quando non lavorano, c'hanno comunque i loro impegni. Palestra, allenamenti, estetista, shopping, parrucchiera, amiche, amici.

«Sì, ma voi cosa mangiate?»

La mamma prepara la pastasciutta la sera prima, loro la scaldano nel forno a microonde.

«Sì, ma mentre mangiate cosa fate?»

Accendono la tele e guardano quella.

«Sì, ma cosa?»

Quello che c'è, *Uomini e donne*, *Amici*, la diretta col *Grande Fratello*, *Centovetrine*.

«Sì, ma poi?»

Poi vanno su Messenger, su Friendfeed, su Twitter, su Facebook.

«Sì, ma i genitori quando li rivedete?»

Li rivedono la sera a cena.

«Oh, finalmente vi riunite.»

Sì, ma giusto il tempo di buttare giù qualcosa e poi via di nuovo.

«E dove andate?»

Tornano su Messenger, su Friendfeed, su Twitter, su Facebook.

«E a tavola a parlare non ci state?»

Non ci stanno. Non ci stanno mai. Mangiano con l'imbuto pur di cavarsi il dente, pur di togliersi il pensiero, pur di sottrarsi a quella palla, pur di poter tornare alla solitudine salvifica e alle compagnie virtuali in cui sono stati abituati a spendere il giorno.

Dunque, ricapitoliamo: dieci minuti per la colazione, quindici minuti per la cena e i dieci minuti rimanenti per chiedere i soldi prima di uscire per i fatti propri. Trentacinque: torna.

Del genitore disarmato

Aspetto che i genitori vengano al colloquio settimanale per chiedere conferma dei preoccupanti contenuti letti nei temini.

Essi confermano puntualmente. Non c'è verso di farli stare a tavola: è questa la risposta che mi sento dare.

E non c'è neanche verso di convincerli a vivere in famiglia, ovvero *dentro* la famiglia, in mezzo alla famiglia, in compagnia della famiglia. Non ci sono momenti di condivisione, non ci sono spazi comuni. Ci sono le singole stanze. Tolta la cucina, palcoscenico della fugace comparsata della sera, gli altri luoghi sono personali, esclusivi e soprattutto vietati.

Nessun genitore osa pretendere di entrare nella camera dei propri figli. Rischia urla belluine e cuscinate in faccia. La camera è il quartier generale, la base bellica, il rifugio antiatomico. Lì c'è tutto quello che serve per la sopravvivenza: lo stereo, la televisione, il personal computer.

Li guardo, questi genitori che vengono al colloquio.

Hanno più o meno la mia età, mi immagino che saranno cresciuti più o meno come me, avranno a loro volta avuto genitori più o meno uguali ai miei.

E mi domando: come hanno fatto a farsi portare via le armi? Come hanno potuto permettere che accadesse tutto questo? Non trascorrevano, loro, serate intere a tavola con il babbo, con la mamma, coi fratelli, a narrare imprese scolastiche, a riassumere giornate sportive, a raccontare aneddoti speciali? E non ne apprezzavano il valore?

Sarà l'ultima cosa che dimenticherò della mia vita intera, il rituale atavico dei miei pasti in famiglia ai tempi della giovinezza, quando il babbo e la mamma incantavano me e mio fratello, più giovane di me di sette anni, con la trasmissione orale del loro vissuto amoroso, di quando si conobbero al Ragno d'oro e lui le chiese «Balli?» e lei rispose «Sì», di quando si rividero in paese ma lui faceva il duro e lei ci stava male, di quando lei accompagnava la sua mamma a lavare i panni in Arno e con la scusa di far pisciare il cane Dick fuggiva per i campi a incontrare lui, che sulla GS la montava al volo di traverso, le gambe ciondoloni da una parte, le braccia intorno alla sua vita come una cintura stretta, per portarla più lontano, o di quando la mia nonna sguinzagliava gli altri figli perché andassero a cercare quella ragazzina che da quando s'era innamorata di quel capoccione aveva imparato a disobbedire.

La tavola restava apparecchiata a volte fino a mezzanotte, perché al babbo piaceva quell'andamento lento e la mamma ne approfittava intanto per tagliare a striscioline la buccia delle arance o piegarle su se stesse e schizzarcene il liquido odoroso lungo il collo.

C'era tutta questa tradizione che nessuno di noi quattro avrebbe osato mettere in discussione perché ciascuno ne coglieva l'inestimabile tesoro, perché ci piaceva da morire spendere quel tempo insieme e niente in quel momento aveva più importanza delle nostre parole destinate a diventare la nostra memoria. «Racconterete questi fatti ai vostri figli, così noi in un certo senso non moriremo mai» si raccomandava il babbo vestendo in volto l'espressione drammatica di Mario Merola, e in quei momenti lo vedevo come un carismatico incrocio tra un Ugo Foscolo senza capelli ma non meno appassionato e un Kunta Kinte senza colore ma non meno autorevole.

Come hanno potuto, questi nuovi genitori, perdere per strada quell'autorevolezza?

Come possono confessare apertamente, senza neanche il sospetto timore di dare una pessima immagine di sé, che coi loro figli non c'è niente da fare, che non c'è verso di farsi dare retta, che non si riesce a farli stare a tavola seduti, che non c'è modo di ottenere l'obbedienza alle regole della famiglia?

Come se si sentissero ricattabili (e in effetti lo sono), i nuovi genitori acconsentono, accondiscendono, accettano tutto. Le armi le hanno cedute ai loro figli. In cambio, sperano che essi li perdonino per il tempo che non riescono più a donare loro?

Del genitore "tennologicamente innioranteˮ

Visto che sono saltati fuori, affrontiamo subito la questione e leviamoci il pensiero. Parlo di quei nomi strani, di quelle sigle in inglese che introducono in spazi segreti, interdetti a chi non li conosce ma aperti a chi li padroneggia. Sì, proprio lì dentro: nel favoloso mondo di Internet.

«Macchennesò, professoressa: quello sta sempre chiuso in camerina sua, inchiodato al computer, a scrivere in quei cosi...»

«Quali *cosi*?!»

«Quei cosi lì... feisbùcche... i blògghe... le ciàtte... lei mi dice di controllarlo, di seguirlo, ma io non ci capisco nulla, non so nemmeno da che parte cominciare...»

Per forza che gli dico di seguirlo: è palese a tutti tranne che a lui, suo padre, che quel ragazzo si sta intrappolando da solo tra le maglie della Rete. Solo lui non quantifica il tempo che il giovane trascorre davanti al video, solo lui non gli vede gli occhi... di bragia. Quando un figlio ti si presenta a cena con gli occhi di Caronte, le alternative sono limitate: o si ammazza di canne, o fa scorpacciate d'autoerotismo, o si consuma davanti al computer. Fra le tre non saprei cosa scegliere, e questa frase suonerà blasfema solo a chi non ha (fortunatamente) mai avuto a che fare con un giovane "piccìdipendente".

Purtroppo però non solo questo padre ignora il modo

di seguire il figlio tra i meandri internettiani tanto fascinosi, tra le voci di Google l'ammaliante: sono migliaia i genitori che ignorano. E questo è disdicevole, sconsigliabile e allarmante.

Perché ad allarmarci non deve essere la virtualità, questo mondo "altro" che noi stessi abbiamo voluto creare ad ogni costo e che ha rivoluzionato i nostri modi di comunicare, porci e proporci. Ad allarmarci deve essere il baratro di non-conoscenza che ci si è spalancato sotto i piedi separando i nostri adolescenti da noi. Presente il canyon in cui precipita Wile Coyote? Noi da una parte, loro dall'altra. E in mezzo quel profondo taglio lungo la gola della montagna.

Quelli passano giornate a navigare, salgono a bordo, salpano e ciao. Nel mondo dove stanno crescendo, il mondo è raggiungibile con una mano. Per scegliere dove fare tappa momentanea, gli basta un dito, l'indice. Nell'ingenua ebbrezza dei loro quindici/sedici/diciassette anni mettono nei forum tutti i loro cavoli, raccontano il raccontabile (spesso anche il non), perdono per sempre il diritto all'oblio e non ne intuiscono le conseguenze.

Ma più che altro, per balzellare di porto in porto, di sito in sito, quelli, non studiano più. Se lo fanno, scelgono strategie deboli, giusto per ricordarsi qualcosina il giorno dopo, all'interrogazione di quell'odiosa della profe, in una memorizzazione a breve, brevissimo termine.

Ne convenivamo un giorno a uno dei tanti Consigli di classe che, dopo un'ora di confronto tra soli docenti, ha aperto la porta ai genitori e agli stessi alunni. Proprio a questi ultimi chiedemmo conferma: «È vero che studiate poco e che studiate male?».

«Vero.»

«Bene, diteci perché.»

«Il perché è quel trabiccolo che sta appollaiato sulla mia scrivania ma volendo può anche seguirmi. È una macchina che si accende annunciata da cinque note uguali per tutti e mi spinge tra le braccia del mondo. È un luogo dove posso andare anche senza spostarmi da casa, una stanza gigante dove incontro gli amici anche senza vederli, dove me ne faccio di nuovi senza incontrarli mai. È una voce che esclama *bip* ogni volta che qualcuno mi manda a dire qualcosa, e quei *bip* non fanno che distrarmi (e salvarmi) dal silenzio (opprimente) dei libri, non fanno che attrarmi verso un quadrato di luce che m'ipnotizza l'occhio e m'impasta il cervello. Così studio, ma a pezzetti. Leggo, ma a brandelli. Ragiono, ma a puntate. Scrivo, ma sbaglio. E anche se me ne accorgo, non riesco a staccarmi perché quell'aggeggio ha la voce delle sirene di Ulisse e il potere di una droga iniettata a corrente. E anche se mi stanco e mi scoppia la testa, se fatico il doppio e produco un terzo, è più forte di me, non ci riesco: non riesco a farlo tacere, non riesco a ridurlo al buio. Non riesco a spegnerlo.»

Internet è una realtà meravigliosa.

Ma noi adulti abbiamo il dovere – che non esiterei a chiamare morale – di imparare ad aggeggiare con quelle macchine che lo sviluppo tecnologico ci ha messo in casa: dobbiamo affrontare con coraggio la sfida di questa nuova alfabetizzazione, andare incontro alla frustrazione che di certo proveremo davanti ai fallimenti che ci ridicolizzeranno, specialmente nel confronto con la genialità spontanea dei ragazzi che ci staranno a guardare alle prese con il copincolla.

Non possiamo pronunciare la stessa frase che pronunciò quel genitore al ricevimento plenario: «Io, professoressa, lo ammetto: *tennologicamente* sono *inniorante*».

Del genitore che ha studiato

Quando ero bambina io, erano ancora tanti i genitori che non avevano studiato. Questo mal comune magari non si trasformava per loro in un mezzo gaudio, ma li poneva tutti su un medesimo piano in cui essi si riconoscevano e da cui riuscivano perfino a trarre picchi d'orgoglio. Spesso, infatti, l'unico motivo per cui non avevano studiato era di tipo esclusivamente economico. Non avevano studiato perché erano cresciuti insieme a quindici fratelli, perché dei loro due genitori solo quello maschio lavorava, perché di conseguenza i soldi erano pochi e perché il lavoro minorile non era considerato uno scandalo come oggi, ma un atto d'amore, di devozione e di dovere morale nei confronti della famiglia a cui si apparteneva.

Se in qualcuna delle famiglie economicamente in difficoltà emergeva una mente dotata, capitava che i genitori si facessero in quattro per garantirle una formazione scolastica adeguata. Il proprietario di suddetta mente, così, salvato da un futuro come "vile meccanico", veniva mandato a scuola. Egli percepiva quell'occasione come l'Occasione, quell'evento come l'Evento. Andando a scuola, egli si sarebbe elevato, si sarebbe distinto, si sarebbe salvato. La scuola diventava l'àncora di salvezza e il professore un braccio teso, aggrappandosi al quale si poteva riemergere dal mare d'ignoranza e diventare... *qualcuno.*

Diventare *qualcuno,* a quei tempi, non significava finire in televisione a fare il burattino vociante, la velina scosciata, il politico puttaniere o la puttana del politico. Significava saper parlare, conoscere l'etimologia delle parole, masticare agevolmente di filosofia, citare poesie eterne, succhiare dalla cultura il nettare laico ma etico ch'essa elargisce, puntare a un lavoro la cui qualità fosse determinata non dallo stipendio mensile ma dalla soddisfazione provata a esercitarlo e dalla ricaduta sociale conseguente, distinguersi dalla massa, ma nel bene. Diventando cioè migliori della massa, non uguali a essa, o peggiori.

Nella società dei genitori che non avevano studiato, il colloquio con chi invece lo aveva fatto si basava su una forma di rispetto che induceva l'ignorante a prostrarsi anche eccessivamente al cospetto dell'erudito. Il quale, se era solo erudito ma non colto, poteva provare ad approfittarsene.

Un genitore privo di titolo di studio non si sarebbe mai permesso di mettere in discussione le scelte didattiche di un insegnante, né di criticarlo palesemente e sfacciatamente al cospetto del figlio per un voto affibbiato. Non lo faceva perché sentiva di non averne in mano gli strumenti, ma ancor di più perché – pur nell'ignoranza che lo avvolgeva, o anzi, proprio in virtù di essa – percepiva spontaneamente il clamoroso errore educativo che in quel modo avrebbe fatto.

Screditare un professore agli occhi del figlio aiuta il genitore ad allearsi il figlio con facilità, ma crea una spaccatura insanabile tra gli adulti stessi che invece, a occhi adolescenti, dovrebbero apparire uniti, compatti e inscindibili.

Oggi questa spaccatura è all'ordine del giorno.

Oggi molti genitori hanno studiato. E questo è senza alcun dubbio un bene. Hanno studiato perché tutte le famiglie d'origine di chi oggi viaggia sui quarant'anni potevano permettersi di mandare a scuola i figli messi al mondo. Purtroppo però, quei figli di allora che hanno studiato, nella maggior parte dei casi non hanno capito il valore inestimabile del giochino a cui erano stati iscritti. Hanno vissuto l'Occasione come un'occasione, l'Evento come un evento.

Hanno affiancato lo studio alla perpetua lamentela di dover studiare, tentando di sottrarsi all'obbligo più produttivo che in realtà a ogni individuo sia dato di provare nella vita. Hanno inventato nuovi verbi ("bigiare", "fare forca", "marinare") per giustificare la preferenza attribuita, tra scuola e circolino ricreativo, al circolino ricreativo. E, una volta terminati quegli studi, sono diventati presuntuosi e pure un po' arroganti.

Oggi i genitori che hanno studiato si presentano ai colloqui con i professori dei loro figli e credono di poter insegnare loro a svolgere una tra le professioni meno insegnabili. E questo sarebbe il male minore, risolvibile con una frase («gentile genitore, si faccia le professioni sue») breve e chiara nonostante la celata metafora.

Il dramma esplode quando i genitori che hanno studiato mettono in moto il deprecabile meccanismo di infamare i docenti dei loro ragazzi parlando coi loro ragazzi stessi.

«Mamma, quello di Filosofia mi ha dato tre.»

«Quello di Filosofia è un deficiente: domani ci vado a parlare io e gliene canto quattro.»

Dove vuoi andare? Cosa vuoi cantare? Stai a casa tua, genitore che hai studiato, e – proprio perché hai studiato – canta a quel ragazzo che hai messo al mondo di studiare più di te e di fare dello studio un veicolo di educazione, buon gusto e civiltà.

E cantagliela per il verso giusto, quella canzone, cantagliela con umiltà, senza fargliela pesare: perché non esiste spettacolo più odioso agli occhi di uno studente di un genitore che, per spingerlo ad acculturarsi, faccia sfoggio di cultura.

Del genitore che fa sfoggio di cultura

Il genitore che macina un paio di quotidiani al giorno, che divora un libro a settimana, che possiede una biblioteca domestica da fare invidia a quella del babbo di Giacomo Leopardi e che quando parla con chicchessia non perde mai occasione di far presente quanto è preparato, informato e vigile sul mondo, come minimo si ritrova tra le mani un figlio che risponde al richiamo della cultura con un rutto.

Quello non farà altro che stressarlo («Leggi!», «Studia!», «Informati!», «Documentati!») e questo, in maniera tacita o esplicita, gli farà presente il proprio punto di vista («See, ciao»).

È il caso, per esempio, di quel mio studente di terza superiore che era costretto a dividere la casa e la vita con un malriuscito clone del conte Monaldo Leopardi.

«Vede professoressa» era uso raccontarmi suo padre al ricevimento settimanale, «a me un libro dura sì e no tre giorni, perché io leggo ovunque, io non esco, non mi siedo e non mi corico senza un libro tra le mani, io non vivo se non leggo. Io, vede, compro sempre il quotidiano, anzi ne compro due, così posso avere un punto di vista panoramico. Non appena ho finito i miei giornali, passo ai libri. Vedesse che fior di scaffali pieni zeppi abbiamo in casa. Dostoevskij, Tolstoj, Kafka, Pirandello, Hemingway, Baudelaire. Lei saprà sicuramente cosa disse Blaise Pascal ("È meglio sapere qualcosa di tutto, che tutto su una cosa"), o cosa scrisse John Milton ("Il mio esservi ignoto dimostra che voi stessi siete ignoti"), o cosa sostenne Virgilio ("Mens movet molem"), o quello che dichiarò Aristotele ("Gli uomini colti sono superiori agli incolti nella stessa misura in cui i vivi sono superiori ai morti"), o quello che divulgò Bacone ("La lettura fa l'uomo completo; il discorrere lo rende preparato e lo scrivere esatto"), o quello che professò Brougham ("La cultura rende un popolo facile da guidare, ma difficile da trascinare; facile da governare, ma impossibile a ridursi in schiavitù"), o quello che ripeté Matthew Arnold ("La cultura è la passione per la dolcezza e la luce, e – ciò che più conta – la passione di farle prevalere"). Io e mia moglie non facciamo che ripetere a nostro figlio che la vita senza libri non è vita, che la gioventù senza lettura è buttata al vento. Gli abbiamo proposto chissà quante volte di leggere e analizzare insieme un romanzo, un classico. E lui invece, come vede un libro, avverte subito un malore psicologico, una spontanea intolleranza, e fugge.»

Sarei fuggita anch'io, con due rompiscatole come questi.

E, vista la passione per le frasi a effetto, fuggendo avrei citato quella di George Santayana: «Una cultura limitata tende all'orpello, mentre una cultura sofisticata tende alla semplicità».

Invece ho un piacevolissimo ricordo di mio padre, che non possedeva una biblioteca personale e non perdeva tempo a predicare, ma razzolava con verace concretezza e, quando mi ammalavo ed ero costretta a letto col febbrone, tornando dal lavoro in fabbrica si fermava alla libreria del paese a comprarmi l'ultimo romanzo di Gianni Rodari. Lo aspettavo come un dono, come una fortuna, come un privilegio. Forse perché, porgendomi il pacchetto col fiocchino, non lo faceva mai passare come un esame di cui in quel momento stavamo fissando la data, ma come quello che era in realtà: un regalo.

Del genitore che "Troppo studio fa male"

Poiché i genitori sono vari come il mondo in cui abitano, Fortuna (nel senso di *vox media*) ha voluto che sulla tua strada tu abbia incrociato anche quello che si lamentava per il carico di studio.

«Be, ma non è mica lei che deve studiare, scusi: è suo figlio.»

«Sì, ma (poverino) non ce la fa.»

«Eppure mi creda: gli esercizi assegnati sono attentamente calibrati sul tempo a disposizione dei ragazzi.»

«Le credo, ma i nostri ragazzi non hanno mica solo il pensiero della scuola.»

«Ah no?! E in quali altri pensieri sono impegnati, se mi è concesso di sapere?»

«Ma lo sport, professoressa!»

«Ah, ecco, lo sport.»

«Mio figlio per esempio gioca a tennis: sa quanti allenamenti ha alla settimana?»

«Troppi, immagino.»

«Magari troppi no, ma molti sì. Ed è importante fare sport, sa, molto importante. I ragazzi non possono passare i pomeriggi a studiare. Fa male alla salute fisica in generale e alla spina dorsale in particolare.»

Vorresti dire a questo gentile incolto che *spina dorsale* è espressione impropria e che dicitura corretta è invece *colon-*

na vertebrale, ma costui non te ne dà occasione perché s'impadronisce anche del tuo tempo e parla sempre lui.

Vorresti anche raccontargli di quando eri ragazzina e giocavi a basket, di quando t'iscrivesti al liceo e in quarta ginnasio, considerato il carico di studio, senza ciglio battere rinunciasti allo sport perché tra imparare a tradurre *Tityre, tu patulae recubans sub tegmine fagi* e imparare a buttare un pallone dentro un cerchio in ferro non avevi il minimo dubbio su cosa fosse più importante nella vita, ma quello seguita ad argomentare e si accalora come se si stesse allenando pure lui, come suo figlio.

«Perché, vede professoressa, la postura è importante nella vita, e stare troppe ore curvi può causare anche la gobba!».

Vorresti dirgli che il più grande e indimenticabile poeta italiano di tutti i tempi aveva la gobba e che, sarà egoismo, ma l'intera umanità sarà grata nei secoli a suo padre Monaldo per averlo avviato agli studi e non averlo iscritto invece al Gruppo Juniores del Centro Sportivo Recanati. Ma il tuo interlocutore è troppo accalorato e le sue argomentazioni gli sembrano troppo attendibili e veritiere per ascoltare il contraltare. Decide quindi di portare il discorso su un altro piano.

«Oltretutto, professoressa, si tratta anche di un discorso finanziario.»

Poiché la crisi economica è un dato tangibile, indiscutibile e concreto, decidi (errando) di prestargli ancora un po' d'orecchio anziché espellerlo dall'aula del ricevimento. Così facendo, però, hai l'irripetibile occasione di constatare a quali elevati livelli possa pervenire l'idiozia di un genitore.

«I libri costano, professoressa.»

Vorresti dirgli che è vero, i libri costano. Ma, come ebbe a scrivere George Orwell: "Il consumo di romanzi e saggi è basso non perché sono troppo cari, ma perché la lettura è un passatempo meno allettante delle corse dei cani, del cinema o del pub". E, fatti due conti e sommate tutte le altre spese che ci concediamo senza ciglio battere, "leggere è uno dei diversivi più economici: è probabilmente il più economico, dopo l'ascolto della radio".

Vorresti dirgli che, è vero, i libri costano. Ma che molto di più costano i jeans griffati, le maglie firmate a grandi iniziali sul petto e sulla schiena, le scarpe sportive che suo figlio come tanti altri usa per andare a spasso in centro, trascurando peraltro i danni dermatologici che comporta il prolungato contatto con la plastica e la gomma.

Vorresti dirgli che pensi tutto il male possibile di ciò che da minuti sta vomitando da quella bocca, privo di alcun senso del pudore. Dirgli magari anche che è mancanza di rispetto presentarsi al colloquio con la professoressa d'Italiano e perorare la causa dell'Educazione Fisica.

E vorresti avvertirlo di ciò che sai per certo: che così predicando, il rischio di allevare un figlio con parecchi muscoli ma con poco cervello è elevato. Elevatissimo.

Però non fai niente di tutto questo e la decisione ultima che prendi è quella di tacere e di farti i fatti tuoi. Che poi, a conti fatti e con i tempi che corrono, parrebbe la migliore.

Così, mentre decidi di non replicare, aspetti che si alzi e finalmente se ne vada. Accompagni il tuo saluto con un sorriso amaro, finto e striminzito e, mentre lo guardi allontanarsi, ti torna in mente quanto accadde a un tuo collega che in un Istituto per Geometri insegnava a riconoscere e capire i materiali da costruzione.

Affinché i suoi studenti li riconoscessero e li capissero bene come lui, assegnò loro come compito per casa lo stesso che i suoi docenti tanti anni prima avevano assegnato a lui: recarsi, una domenica, magari in coppia o a piccoli gruppetti, in certe località che egli stesso segnalava, a osservare, fotografare, toccare con mano questo o quel monumento, realizzato con questo o quel materiale. Nella sua trovata pedagogica convivevano l'intento di farli studiare ma ancor di più la volontà di metterli alla prova a tutto tondo, costringendoli a organizzare la trasferta, a prenotare il mezzo di trasporto, a raccogliere il denaro necessario, a portarsi dietro il materiale indispensabile, a vivere un'esperienza autonoma e di gruppo insieme, ad assimilare la teoria per mezzo della pratica. Non era questo anche il metodo sperimentale di Galileo?

Di Galileo forse sì. Ma non dei genitori di quegli alunni, che subito si riunirono in assemblea carbonara, raccolsero i pareri contrari all'iniziativa facendo un prevedibile *en plein* e corsero dal preside con un foglio pieno di firme tra le mani, piagnucolando per le assurde pretese di quel professore despota e tiranno, che osava far crescere i loro figli col sudore del sacrificio depredandoli del loro giorno di riposo settimanale.

Del genitore che fa i compiti al figlio

Che ci siano i genitori che aiutano i figli a studiare, si sa.

Che ci siano quelli che talvolta spifferano loro la risposta alle domande o suggeriscono la soluzione dei problemi, pure.

Quello che io non m'aspettavo è che ci fossero addirittura quelli che si sostituiscono ai figli. Mi riferisco a una sostituzione materiale, fisica: a scrivere cioè sono il braccino e la manina del genitore e non quello del ragazzo.

Lo posso giurare, perché ho vissuto la traumatica esperienza in prima persona.

In genere gli alunni maschi scrivono come dei polli: hanno una -grafia che non definirei *calli-*, ma *caco-*. Poverini, si sforzano anche, ma non ce la fanno: vanno di geroglifico e a volte sono i primi a non decifrare il loro stesso codice.

Avevo invece questo ragazzino timido e insicuro, taciturno e introverso, che scriveva bene come le ragazze. Anzi, meglio di loro: caratteri più maturi, niente palline tonde e grasse sulle "i", pressione sul foglio leggera, tratto elegante. Un amore di scrittura. Ritiravo gli elaborati svolti a casa e facevo la corsa a correggere il suo: non ci trovavo mai un errore, la lettura scorreva gradevole, priva d'intoppi e d'incomprensioni.

Che strano, però: se lo interrogavo non spiccicava verbo e, quando raramente lo faceva, lo spiccicava balbettando. Sarà la sua incertezza caratteriale, mi dicevo. Sarà che, anziché inibirlo, il foglio bianco lo liberava con trasfusioni di coraggio.

La prova del nove giunse con la prima verifica assegnata in classe: una zampa di pollo aveva impugnato la penna al posto di quell'amanuense aggraziato e anziché segni grafici immediatamente decodificabili, io mi trovai davanti un dedalo arzigogolato in cui non distinguevo il capo dalla coda.

Convocai la madre del ragazzo.

Ella si presentò accompagnata dalla nonna di costui.

Fui immediata e sincera: andai al nocciolo del problema e parlai chiaramente. Mi aspettavo una risposta altrettanto esplicita e onesta. Ma entrambe si dichiararono disposte a giurare su questo e su quest'altro che il ragazzo lavorava in autonomia e che nessuno scriveva al posto suo.

Fu lui a confessare, in classe, da solo, in un serrato faccia a faccia con la sottoscritta: la mamma si sostituiva regolarmente a lui, ragionando, risolvendo, rispondendo, svolgendo e scrivendo al posto suo.

Lungi dall'essere eccezionale, il caso si presenta oggi molto spesso. Magari le modalità sono meno plateali e gli stratagemmi più furbastri e raffinati. Ma la sostanza è sempre quella: il tentativo (pedagogicamente pericolosissimo e deleterio) di sollevare i figli dalla fatica, dagli impegni, dalle responsabilità e dal confronto con chi chiede loro conto di qualcosa. La paura di lasciarli andare, di buttarli nella mischia della vita, nell'agone dell'esistenza.

Non mi si dica che l'errore è nella scuola, la quale non dovrebbe assegnare compiti pomeridiani ma limitarsi a svolgere il programma in classe lasciando il resto del giorno libero per gli altri impegni. Quale altro impegno può essere più importante, dagli undici ai diciotto anni, di quello rappresentato dalla scuola? Lo sport? Bene, prima si studia, poi ci si allena. Il teatro? Ottimo, prima si studia, poi si va alle prove. Le amicizie e i rapporti sociali? Perfetto, prima si studia e poi si esce a socializzare. A sapersi organizzare, nella vita c'è tempo per fare tutto.

Non mi si dica nemmeno che i compiti per casa sono un metodo adottato dagli insegnanti per lavorare di meno la mattina. Come si permette uno come Paolo Crepet, psichiatra, sociologo e direttore scientifico della Scuola per Genitori, di scrivere frasi come questa? "Un aspetto imbarazzante del rapporto tra scuola e famiglia è rappresentato dai compiti a casa: esso segnala, come pochi altri fenomeni, il malfunzionamento di entrambe le agenzie educative."

A parte il fatto che "agenzia educativa" lo dice a qualcun altro. Ma poi: che discorso è?! Leggiamo ancora: "Si delega alla famiglia ciò che la scuola non riesce più a svolgere quotidianamente come se, depositata in qualche meandro del Ministero dell'Istruzione, vi fosse un'autorizzazione tacita a trasferire ai parenti parti fondamentali della formazione di base e specialistica dei giovani". Ma di che parla?! Andiamo avanti: "Nessun operaio della Fiat si porta a casa un tergicristallo da finire: perché un ragazzo deve continuare da solo o con dei dilettanti un lavoro non finito?". Ma gli sembra un paragone serio?! Riferendosi all'ultima riforma, infine, scrive: "(...) la scuola avrà ottimi motivi per delegare ulteriormente alle famiglie il carico e la responsabilità della formazione dei loro figli. Gli insegnanti lavoreranno ancora meno".

Trovo pesanti e offensive, oltre che prive di lungimiranza e intuizione critica, queste parole.

Nessun insegnante si aspetta da parte dei genitori l'atteggiamento lamentato da Crepet. E non è perché non riesce a svolgere il proprio lavoro in classe, o perché non ne ha voglia, che un docente assegna i compiti per casa ai suoi ragazzi. Non c'è nessun tergicristallo da finire, quando si assegnano i compiti per casa. Non è mai stato studente, il signor Crepet? E non ha mai studiato il pomeriggio a casina sua? Non ha mai sperimentato l'utilità di rivedere – nel silenzio della propria abitazione e nell'autonomia dei propri tempi – i concetti, le regole e i fondamenti ascoltati al mattino in mezzo alle distrazioni dell'ambiente scolastico, le chiacchiere dei compagni, il pensiero della verifica all'ora dopo, il profumo del panino al salame che sale dallo zaino? Non ha mai fatto schemi riassuntivi sul proprio quaderno e poi ripetuto a voce alta venti pagine di storia, di scienze, di letteratura? Non ha mai tradotto una versione dal greco, dal latino, non ha mai fatto esercizio di pronuncia inglese? O un lavoro di ricerca, una ventina di equazioni, l'analisi di un testo poetico, la dimostrazione di un teorema di geometria? Lui ha fatto tutto sempre e solo a scuola, in quelle cinque, massimo sei ore di lezione? O chi era, Mandrake?!

Ragioniamo tra di noi, genitori, venite qua, avvicinatevi, ché c'ho da darvi un paio di consigli buoni: 1) ignorate di sana pianta le boiate scritte da Crepet; 2) lasciate che i vostri figli studino da soli. Se proprio volete essere di qualche aiuto, fate presenza, fatevi vedere, pesticciategli vicino, non dileguatevi a giornate intere nei posti di lavoro: siate presenti. I figlioli al mondo ce li avete messi voi, mica io: non potete fare finta che poi non ci siano. Mentre svolgono esercizi e parlano da soli come pazzi in camerina, preparate loro una bella merenda: sia questo il vostro modo di aiutarli. Ma non sostituitevi mai a loro, non prendete il loro posto. Non guadagnatevi il merito di una verifica fatta bene all'indomani, non tentate di rivivere la vostra giovinezza tramite la giovinezza dei vostri ragazzi. Analogamente, non proteggeteli dal rischio dei brutti voti, dall'eventualità di un fallimento.

Le musate in terra fanno crescere. E fanno tanto, tanto bene.

Del genitore che s'identifica nel figlio

Anche per una questione d'età, uno si aspetterebbe che i genitori avessero reazioni diverse da quelle dei loro figli: i primi si aggirano tendenzialmente intorno alla quarantina, i secondi pascolano in piena adolescenza.

E anche per una questione di ruoli, uno vorrebbe assistere a scene equilibrate, in cui i padri interpretano i padri e i figli fanno i figli.

Sospetto che il regista di questa commedia umana si distragga spesso, ultimamente. E che gli attori, rubandogli il controllo della scena, facciano un po' il cavolo che vogliono.

Non so come potrebbero altrimenti spiegarsi certe inusitate reazioni che noi docenti siamo costretti a sorbirci.

Mai come di questi tempi affibbiare un votaccio a un ragazzino è impresa eroica. Se il cinque (blando, docile, gentile, facilmente rimediabile poiché proiettato verso il sei, quindi apparentemente innocuo e quasi simpatico) è ancora tollerato, quasi minimizzato, quindi sostanzialmente ignorato («Mamma, ho preso cinque», «Cosa?!», «Mamma, ho detto cinque, mica quattro!», «Hai ragione, scusa»), col quattro iniziano i dolori. Non tanto per lo studente, quanto per i genitori di costui. Col tre poi non ne parliamo. Al due te li ritrovi frontali, seduti al banchino.

È provato statisticamente (da me medesima) che otto genitori su dieci, di fronte al voto basso, piangono.

Il più delle volte lo fanno lì, davanti a te, cogliendoti alla sprovvista quando non te lo aspetteresti, impegnata, seria e severa come sei a svolgere il tuo lavoro iniquo che purtroppo comprende anche questo, rendere conto agli adulti, come se non bastasse farlo quotidianamente coi loro ragazzi, a cui tutti i benedetti giorni devi spiegare, motivare, far capire e digerire il boccone più indigesto: quell'insufficienza che gli allunghi.

Tu spalanchi il registro, ti allinei sulla colonna giusta, scorri il dito in verticale e leggi a voce alta: «All'ultima verifica scritta ha preso due». Loro corrugano la fronte, si mordono un labbro, balbettano una frase incomprensibile. E infine piangono. Per lo più in presenza del figlio stesso, opportunamente convocato ad assistere al drammatico incontro. Nel frattempo, io mi pongo insistente la domanda: perché lo fanno?

E non mi basta rispondermi: per il dispiacere. Né ribadire mentalmente a me stessa il beneficio psicologico addotto dal pianto libero. Ci si dispiace di un due evitando un nubifragio di lacrime. E ci sono casi in cui il teorico beneficio del pianto liberatorio si trasforma in danno educativo concreto e duraturo.

Io temo che un figlio che va male a scuola rappresenti piuttosto una ferita narcisistica per i suoi genitori. Per questo essi piangono: perché quel fallimento scolastico è lo specchio dove vedono riflessa l'immagine del loro fallimento educativo. Perché, in un pericolosissimo processo di identificazione eccessiva, provano l'impressione che quel due sia stato dato non al ragazzo di casa, ma a loro.

Ma poniamo che una tale confusione di ruoli sia, se non condivisibile, quantomeno comprensibile: chi ne ha, sostiene infatti che mettere al mondo un figlio induce a comportamenti altrimenti insospettabili. Quella che non può essere assolutamente accettata, però, è la fuoriuscita della lacrima copiosa e impudica.

Un genitore non può farsi vedere piangere dal proprio figlio, via. Semplicemente: non può.

E non mi si venga a dire che il pianto è un gesto onesto di debolezza umana a cui ogni individuo ha pieno diritto di abbandonarsi. Nei confronti degli adolescenti con cui si relazionano, i genitori (come gli insegnanti) non sono individui come tutti gli altri, quindi non possono permettersi di piangere, o almeno non per queste sciocchezze. Chi piange perde credito e credibilità, acquistando biasimo e ignominia. Vergogna!

Siete professori e una classe vi manda al manicomio con l'indisciplina? Provate a mollare i freni inibitori e a buttarla in pianto, poi vedrete il rispetto che vi sarà riservato. Gli studenti si vantano, si fanno belli, ma che dico, si beano di aver fatto piangere un insegnante, vivono l'episodio come un momento di sempiterna gloria destinato a far di loro nientemeno che "quelli che hanno fatto piangere il profe tale o la profe tal'altra". Narreranno l'epica impresa ai posteri, ne lasceranno memoria scritta affinché l'onta subita dal nemico non venga mai coperta dalla polvere del tempo, la racconteranno ai figli e ai figli dei loro figli a paradigma di nobiltà genetica, a garanzia di ottimo DNA. E questo non perché sono degli stronzi matricolati. Semplicemente perché questo sta nel gioco delle parti.

Parimenti, nel gioco delle parti dei docenti sta l'adozione di un atteggiamento sempre e comunque dignitoso, a prescindere dalle condizioni in cui essi espletano il proprio mestieraccio infame. Costi quel che costi (dal rimediare una cimosa ingessata in faccia all'essere mandati esplicitamente affanculo), l'insegnante si mostrerà alla classe perfettamente in grado di esternare i propri stati d'animo con autocontrollo e moderazione. *Est modus in rebus* è l'aforisma a cui egli sì sovente s'appella: bene, cominci lui a dare l'esempio di quanto una misura stia davvero in tutte le cose.

Non diversamente dovrà comportarsi il genitore che, di fronte alla valutazione insufficiente incassata dal figlio, anziché adottare un comportamento paritario e proiettarsi nel ragazzo piagnucolando al posto suo, farà meglio a restare tetragono e affidarsi a stratagemmi educativi ben più efficaci. Non so: sottrazione di vettovaglie alimentari quotidiane, occultamento di mezzo di trasporto su due ruote, eliminazione temporanea di strumento portatile per comunicazione telefonica, drastico taglio di retribuzione settimanale.

Fate quello che vi pare, fate voi, aguzzate l'ingegno, andate liberi di fantasia.

Ma per favore. Per carità. Non piangete.

Del genitore delegante

Ho fatto un giochino: connessa a Internet, ho cliccato sulla voce "Libri sull'infanzia".

Mi si è materializzata sul video una biblioteca virtuale e ho trascorso un'oretta e mezzo a sorridere sbigottita davanti ai titoli più assurdi.

Esiste tutto un mondo, là fuori, di pubblicazioni dedicate all'argomento. Per qualsiasi problema c'è una promessa soluzione. Per qualsiasi questione c'è il volume che fa per voi.

Il bambino non dorme? Il bambino non mangia? Non va d'intestino, non si libera dell'aria in corpo, non parla, non ride, ha il nasino chiuso? Racconta le bugie, non sa scrivere poesie? È geloso, rissoso, odioso? Guarda troppa televisione, dice parolacce, si scaccola pubblicamente?

E voi, genitori, vi sentite assillati, sfiancati, disidratati, frustrati, esclusi, inadeguati?

Non dovete temere: entrate in una libreria, oppure fate una consultazione in Rete, chiedete, e vi sarà dato. Del resto leggere e informarsi è un atteggiamento positivo che denota apertura mentale.

Delegare a un libro la crescita dei figli un po' meno, e comunque raramente un libro cambia la vita, specie se non è un capolavoro di romanzo ma un manualetto di sopravvivenza spicciola.

Il passo successivo è dunque partecipare a un programma alla TV e rendere spettacolare il fallimento familiare.

Sos Tata (recentemente affiancato dal neonato e altrettanto sinistro *Adolescenza: istruzioni per l'uso*) va in onda dal 2005 e s'ispira al format americano *Nanny 911*. Funziona così: due genitori imbelli e disperati, alle prese quotidiane con (generalmente) un paio di figli cafoni e ineducati (quando va bene) o maleducati (nei casi più frequenti), telefonano alla redazione e chiedono l'intervento di una delle sei "tate" del team, quella ritenuta più adatta ad affrontare il problema sollevato. Si tratta di donne impegnate in professioni legate al mondo dell'infanzia e della preadolescenza: dirigenti di comunità, esperte della sindrome da deficit di attenzione, laureate in Scienze Motorie o Pedagogia, insegnanti. La tata prescelta vive per una settimana all'interno della famiglia incasinata: nei primi due giorni si limita a osservare e prende appunti. Dal terzo giorno in poi mette tutti in riga: piovono regole, sanzioni, divieti e punizioni. S'odono finalmente molti "no". Generalmente ce la fa: o almeno, è questo ciò che mandano in onda per darlo in pasto al folto pubblico.

Il programma, infatti, ha un grande successo.

Questo ci dice una cosa sola: che nell'educazione dei loro figli i genitori si fanno dare pappa e ciccia da una completa sconosciuta che si accampa a casa loro per una settimana e che al terzo giorno ha ottenuto più rispetto di quello che loro due messi insieme hanno racimolato dal giorno della nascita della prole ad oggi.

Un solo commento: bella figura.

E qualche considerazione: la mia nonna paterna e la mia nonna materna hanno avuto – più o meno come le vostre, immagino – rispettivamente tre e dodici figli. Quella che ne aveva "solo" tre non aveva neanche il marito ad aiutarla, sempre ammesso che i mariti di quell'epoca fossero disposti come quelli di oggi a dare una mano in casa. Quella che ne aveva dodici ne perse quattro in tenerissima età. Rimase comunque con otto bambini, partoriti quasi tutti in fila, uno dietro l'altro. Erano entrambe analfabete e non possedevano la televisione. Ce la fecero entrambe egregiamente – più o meno come le vostre, immagino. Perché di una qualità erano assai provviste, l'unica davvero indispensabile quando si ha a che fare con cuccioli d'uomo: il buon senso.

Così mi chiedo se hanno buon senso quei genitori che delegano perennemente ad altri un compito che non spetta altro che a loro. E mi chiedo se non nascondano piuttosto una ritirata, una tacita resa, quegli attacchi che essi riservano agli altri adulti che interagiscono con i loro figli.

Prendi le maestre dell'asilo.

Poiché ne conosco, quando ci parlo le scopro spesso vessate da pretese inverosimili, da richieste maniacali d'attenzione, da rivendicazioni eccessive. Da loro si pretende che curino l'alimentazione, l'igiene, l'educazione e la formazione dei pulcini (mediamente una decina a testa) con cui hanno a che fare. Non che collaborino con le famiglie: che se ne accollino tutto l'onere e tutta la responsabilità.

Persino alcune mamme, capaci di un giudizio equo oltre che solidale, sostengono che l'ingerenza di molti genitori in settori non propriamente loro vorrebbe coprire la mancanza di un reale interesse nei confronti della prole. Essi magari la trascurano per dedicarsi al lavoro e alle passioni personali a cui non intendono rinunciare, esigendo però che altri facciano il lavoro al posto loro e mettendo bocca nei programmi svolti all'asilo (i *programmi* all'asilo?!), nella metodologia con cui s'insegna l'inglese ai bimbi (pare che oggi le canzoncine non siano più ritenute all'altezza e che si miri a corsi monografici), mentre aspettano che quelli crescano per (far finta di) seguirli nel percorso scolastico propriamente detto.

E per andare finalmente a molestare i professori.

Del genitore che chiama i carabinieri

A volte entro in classe e, al posto della classe, trovo una sparuta rappresentanza di studenti.

Può capitare, no? L'influenza che falcia i più gracili, lo sciopero che paralizza i più lontani, la verifica che fa volatilizzare i più vigliacchi.

Quelle mattine lì, a livello didattico si rallentano i lavori: la verifica salta perché manca il numero legale dei presenti, spiegare cosa fai, spieghi a due gatti? E interrogare che fai, interroghi proprio quei due gatti che sono stati gli unici a venire?

A livello umano, però, quelle mattine lì sono le più generose. È l'occasione buona per fare due chiacchiere informali, raccontarci un episodio personale, ridere di una risata più disinibita, conoscersi, capire.

«E insomma, Giorgio, com'è andata a finire poi quel giorno?»

«Eh, com'è andata a finire, com'è andata a finire... È andata a finire che quel giorno la mia mamma s'è arrabbiata proprio tanto...»

«Be', vorrei vedere. Mi sarei arrabbiata anch'io, se avessi scoperto che mi avevi tenute nascoste quattro insufficienze gravi.»

«Ho capito profe, ma non era mica il caso di fare tutta quella sceneggiata lì... pareva indemoniata, pareva...»

«Povera donna, invece ha fatto proprio bene. Io ti avrei tirato anche diverse ciabattate sul groppone.»

«E perché, lei no?!»

«Ah! Te le ha date!»

«Sì... me le ha date, me le ha date...»

«Eh! Eh! Eh!»

«... ma tanto poi alla fine chi ne busca è sempre lei.»

«Come sarebbe a dire?!»

«Vabe', profe, cosa devo fare, stare a prenderle e zitto?!»

«Ma cosa vorresti dirmi, che osi ribellarti quando la mamma ti allunga uno scappellotto?!»

«O profe, per forza! Non starò mica fermo senza reagire! Non sono mica grullo!»

«E cosa fai, di preciso?»

«Dipende da quello che fa lei: se mi tira una ciabattata, gliela ritiro.»

«Eh?!»

«Be', mi sembra il minimo, professoressa. Se poi mi viene incontro per menarmi con le mani, a parte che ci arriva sempre peggio perché via via cresco, ma insomma deve anche stare all'occhio perché io invece a lei ci arrivo sempre meglio e quello che mi fa, glielo rifaccio pari pari.»

«Sono allibita. Stai scherzando, vero?»

«Macché scherzando, profe! O ragazzi, diteglielo voi!»

Mentre aspetto che i compagni confermino o smentiscano l'amico (nel secondo caso dileggiandolo senza pietà), in effetti mi tornano in mente quei titoli odiosi di giornale che ho sempre detestato perché costruiti sull'allarmismo facile che fa presa sulla gente.

Quelli dove si scrive che i ragazzi picchiano i loro genitori.

Uno di questi, che mi ha portata nell'immediata periferia di Genova, l'ho letto poco tempo fa.

All'interno di una casa, tra pareti domestiche apparentemente normali, una mamma tenta in ogni modo di distogliere il figlio tredicenne dal computer, attaccato al quale egli vive dalla mattina alla sera. Per non abbandonare l'elettronica creatura, il ragazzino ha praticamente smesso di andare a scuola. Per non uscire dalla stanza dove l'elettronica creatura risiede – immobile e innocua, finché lui non ci mette le mani sopra – egli rifiuta di alimentarsi.

La madre, inizialmente solo un po' preoccupata, col tempo sempre più attanagliata dall'angoscia, sperimenta svariate strategie.

Ma il lupo cattivo (vista l'età) non può più chiamarlo.

L'espulsione dalla casa (vista la legge) le è proibita.

Una coppia di schiaffoni ben aggiustati sul musino adolescente (visti i principi della recente pedagogia) non è nemmeno da pensare.

Non le restano che i predicozzi, sovente esternati a voce alta, accompagnati anche da sporadiche scenate folleggianti.

Il figlio (ripeto, tredici anni) negli ultimi tempi ha preso a reagire malamente.

Alza le mani sulla mamma. La picchia.

Come uno di quei mariti che portano la violenza dentro la famiglia. Che credono di poter battere la moglie come si fa con un tappeto vecchio e polveroso.

E allora, proprio come si fa con un marito malvagio, la protagonista di questa storia corre al telefono, solleva la cornetta, compone un numero e chiama le forze dell'ordine.

Pochi minuti e i carabinieri sono da lei.

Sequestrano il computer al ragazzino, portando via l'infernale kit di console e wargame la cui fruizione, peraltro, risultava autorizzata solo a utenti adulti (ma il giovane aveva da poco scoperto la possibilità di collegarsi on line con altri utenti e in questo modo perdersi in giochi della durata anche di giorni).

«Ma insomma, ragazzi: è vero o no quello che dice Giorgio? Se i vostri genitori vi allungano un ceffonazzo in faccia, voi che fate, incassate o reagite?»

«Magari si cerca di buttarla un po' sul ridere, però senta profe, cosa si deve fare: quelle che ci danno, gli si rendono!»

Speriamo almeno di rimanere sempre dentro i confini in cui la risata è ammessa.

Ma a me, da ridere, sembra ci sia poco.

Del genitore troppo presente

D'accordo esserci, però occhio a non esserci troppo o, piuttosto, a non esserci nel modo sbagliato.

Mi sembra di notare che i genitori che ci sono troppo, ci sono perché sono ossessionati dalla paura di esserci troppo poco.

Nel tentativo strenuo di essere completo, il genitore che c'è troppo si propone anche come fratello maggiore, amico del cuore, confidente esclusivo, vigile bodyguard, confessore laico, complice, assistente e socio, tutto insieme.

Il genitore, invece, dovrebbe fare solo quello: il genitore. Guai a scambiare i ruoli, guai a confondere le figure. I figli si smarriscono, perdono le coordinate, la direzione e l'educazione.

Un ragazzo che percepisce il padre come un amico potrebbe avere difficoltà ad accettare un professore. Cosa vuole questo qua, che mi ordina di fare i compiti, che pretende di interrogarmi, che mi mette due se mi becca impreparato? Ora vado dal mio amico babbo e glielo racconto, così glielo fa vedere lui.

Non può essere che il padre sia l'amico, perché insegnanti e genitori devono combattere dalla stessa parte della barricata, devono remare lungo il medesimo senso del fiume. Remare contro, che idiozia, non lo fanno che i salmoni, durano una fatica bestia e alla fonte trovano gli orsi bruni ad attenderli. Scavalcare i confini e aggregarsi alla fazione opposta per riscuotere facile popolarità tra i giovani, che enorme follia.

Ne incontro spesso, di genitori troppo presenti.

Una s'era come messa in testa di rifare da capo gli studi medi inferiori e superiori parallelamente a quelli di suo figlio: lo accompagnava a scuola tutte le mattine, lo veniva puntualmente a riprendere all'uscita, lo marcava stretto nello svolgimento dei compiti, pretendeva di conoscere ogni minimo particolare della giornata scolastica e si aggregava nelle gite.

Un'altra si vantava di sapere tutto di sua figlia.

«Perché vede professoressa, io e Matilde, più che mamma e figlia, siamo... amiche!»

«Davvero?!»

«Certo, se lo faccia dire anche da lei: Matilde mi racconta sempre tutto, ma tutto tutto eh!»

«Ma senti. Tipo?»

«Tipo, io potrei dirle il nome di tutti i ragazzini con cui è stata insieme!»

«Ah.»

«Ma non solo! Chi crede sia stata la prima a sapere che aveva fumato una sigaretta?»

«Chi?»

«Io!»

«Be', certo, che stupida...»

«Eravamo al mare, due o tre estati fa, adesso non ricordo. Tornò a casa che puzzava come un posacenere, al che la guardai male e le feci la domanda diretta: "Matilde, non mi dire che hai fumato!"»

«Che poi non sarebbe una domanda, ma insomma, vabe'.»

«Come?»

«No, dicevo, mi sembrava più un'intimazione che... non fa niente, mi scusi, finisca il suo racconto.»

«Sì, insomma le dico in questo modo e lei mi fa, subito, così, su due piedi: "Certo mamma, ho fumato, e allora?"»

«E allora?»

«E allora io mi dissi: è così sincera, non posso punirla, merita di essere premiata per questa sua straordinaria sincerità. Così continuerà a raccontarmi sempre tutto.»

«Ma due o tre anni fa, scusi signora se mi permetto, Matilde all'incirca andava in prima media!»

«Sì, perché?»

«No, niente.»

«Del resto, se uno fuma, fuma.»

«Sì, del resto, però magari, dirle che non fa bene, educarla alla salute, che so...»

«Ma a quello ci pensa la scuola! Non lo fate anche in questa, come si chiama quel progetto? "Educazione alla salute", no? Alla scuola dell'altra mia figlia lo fanno!»

«Sì, signora, si chiama proprio "Educazione alla salute" e lo facciamo anche qui, ma il punto è un altro...»

«Il punto, professoressa, è che io ho capito che i genitori bisogna siano amici dei loro figli! È questo il segreto! Bisogna essere presenti, farsi raccontare le cose! Pensi che la Matilde mi ha raccontato perfino di essersi fatta una canna. Ma per prova eh però.»

«Una canna?! Lo ha detto a lei?»

«Certo! Un giorno tornò da fuori, in effetti era un po' strana, un po' rimbambita. La guardo e le dico: "Ehi, bella, tu non me la racconti giusta". E lei, subito: "Mamma, non guardarmi in quel modo, mi sono fatta una canna, ma per prova eh però".»

«Accidenti. E lei come ha reagito?»

«Come le altre volte, come dovevo reagire? Ma lei cosa pensa, guardi che quelli che si fanno le canne vuol dire che i genitori non si fanno raccontare niente, non sono amici, per questo i ragazzi seguitano a farsele, perché se le fanno di nascosto. Invece Matilde se n'è fatta una e basta, per provare, quella volta lì e poi basta.»

«E lei si sente tranquilla? Si fida al cento per cento?»

«Vedrà! Me l'ha detto lei! Be', quando una figlia ti viene a dire che ha avuto il suo primo rapporto sessuale, vuol dire che ti considera proprio un'amica.»

«Perché, gliel'ha detto?!»
«Certamente!»
«E lei?»
«E io?! E io l'ho portata immediatamente dal medico a farle prescrivere la pillola!»
Mi metteva a conoscenza della colorita aneddotica, e io mi sorprendevo a chiedermi se avesse più ragione lei ad abbattere tutte le barriere e ad accorciare ogni distanza fino a mettersi sullo stesso piano di un'adolescente, o se ne abbia avuta più mia madre, che invece preferì controllarmi, ma da lontano, anche frugandomi dentro i cassetti, perfino pedinandomi per la strada a qualche metro di distanza, ma senza mai pretendere di pronunciare il *placet* a ogni scelta più o meno sconsiderata che facevo, nel nome di una presunta amicizia tra noi due, che comunque non ci sarebbe stata.
Nonostante il successo dell'omonimo telefilm statunitense, io credo che nessuna figlia, in realtà, desideri una mamma per amica.
Di amiche è pieno il mondo. Sono amiche che tradiscono, amiche che non deludono mai, amiche solo di passaggio, amiche che restano accanto una vita intera.
Quelle che scarseggiano sono le mamme vere, quelle che devono pronunciare *no* fermi e convinti, che devono guardare senza però farsi vedere, che devono durare una gran fatica per mantenere la parola e la coerenza, che in una certa fase della vita devono anche farsi detestare da chi amano molto.
Quelle che devono assolvere un compito che non può essere altro che loro.

Del genitore "ggiòvane"

Se c'è una categoria che, a livello educativo, fa più danni della grandine e sopra cui passerei tanto volentieri con un trattore cingolato è quella del genitore ostinato a fare a tutti i costi il ggiòvane. No, nessun refuso: l'ho scritto con due "g" apposta.

A essere giovani, infatti, non c'è niente di male.

Il male arriva quando si vuole *fare* i giovani e si finisce per questo per essere ggiòvani.

Il giovane è bello da guardare, desiderabile per questioni fisiche, invidiabile per quel suo status anagrafico tanto privilegiato quanto fugace. Il giovane è armonia, fantasia, freschezza. A lui tutto si concede e molto si perdona, perché deve crescere, deve capire, deve imparare.

Quando uno giovane non lo è più, è ridicolo che s'intestardisca a difendere una condizione che gli è ormai estranea.

Improvvisamente (e giustamente) il buon senso diventa intransigente e comincia a pretendere da lui comportamenti, pensieri e scelte in linea con quello che è diventato: un adulto.

E invece eccoli lì, i genitori ggiòvani*:* li riconosci al volo come ti si materializzano davanti. Lui si fa la lampada, si spara frequenti sedute dall'estetista e va in palestra un giorno sì e un giorno no. Nei giorni no va a giocare a calcetto.

Dopo il calcetto fa tappa nel localino giusto per l'aperitivo. C'ha marcate anche le mutande e profuma come un campo di mughetti.

La più improbabile però è lei. Sua moglie.

Se lui accetta male l'ipotesi dell'invecchiamento, figuriamoci la donna che gli vive accanto.

Lei non solo rifiuta di invecchiare: lei aspira a tornare bambina. Come una Lolita fuori tempo massimo, si presenta al mondo con gli abiti pensati per sua figlia e non mostra esitazione alcuna quando appare al ricevimento plenario bardata da tardiva adolescente. Indossa la mini, vacilla su tacco dodici, sventola all'aria l'ombelico, espone l'iPhone e a volte qualcos'altro.

Li vidi una sera, tutti e tre insieme. La famiglia Iannelli. Babbo, mamma e Irene, prima B. Io ero in coda per entrare a Palazzo Strozzi, loro erano in vetrina al Colle Bereto, il più trendy dei bar della zona. La più vecchia di tutti pareva la mia alunna, quindici anni. Sicuramente era lei la meno svampita. Sua madre, un'opera scultorea. Di stucco e fondotinta. Suo padre, un bronzo. Di sostanza e di colore. Intorno a loro svolazzava una nuvola di gente, di parole, Cosmopolitan e cocktail Martini. La madre gorgheggiava con le amiche. Il padre vedi la madre. Irene si era appoggiata a un divanetto, un po' si guardava intorno, un po' spippolava al cellulare, un po' mi faceva tenerezza. La sua cena erano due cubetti di mortadella sudata, quattro olive in salamoia, crostino nero, crostino rosso, collinetta di arachidi, montagnola di anacardi e un'esplosione a salve di popcorn. Poveraccia.

E ricordo che, entrando alla mostra sull'Impressionismo, mi domandavo che fine avessero fatto i modelli femminili adulti. Dove fossero finite le attrici stagionate e brave a cui ispirarsi anche per elaborare il canone della bellezza. Difficile metterle a fuoco, dietro il botox. La celebre frase che Anna Magnani rivolse al suo truccatore ("Le rughe non coprirle, che ci ho messo una vita a farmele venire!") ha il sapore di una barzelletta che poche donne oggi sottoscriverebbero.

Quando donne di questo tipo sono anche madri, scenari allarmanti si profilano all'orizzonte.

O suscitano una profonda insicurezza nelle loro figlie, in perpetua competizione con esse, o producono delle oche giulive concentrate solo sull'aspetto fisico e sorde alla voce di altri richiami esistenziali.

L'economia si strofina le mani e la pubblicità corre in immediato rinforzo: non c'è rivista (tantomeno quelle che predicano e imprecano contro certi comportamenti) che si sottragga all'oscena pratica delle modelle bambine in pose da femmine fatali.

Dove sono le mamme di quelle modelline?

Sono con loro, lì, dietro le quinte del set fotografico, a sgomitare con altre mamme uguali a loro e a bearsi dell'unica virtù che non si coltiva ma che ci si ritrova in dono gratis, la bellezza.

Da adolescente mi avrebbe dato parecchia noia avere una mamma distratta con me perché troppo concentrata su di sé, illusa di possedere il gene dell'eterna giovinezza. Mi avrebbe destabilizzata, confusa, imbarazzata. Mia madre è sempre stata bella, ma è soprattutto sempre stata dignitosa. Io, come tutte le mie coetanee, avevo i miei problemi ad accettarmi fisicamente, ma mi sono sentita sostenuta e consolata nel mio stato di insetto in divenire. E soprattutto non ricordo di essermi vergognata mai di lei.

Del genitore che "Lasciamo che si esprimano!"

A essere sincera, sono cresciuta con la convinzione di averlo preso in tasca. La sensazione scomoda di essere destinata a un irrecuperabile ritardo biologico-epocale mi ha perseguitata fin dall'adolescenza, fase in cui si inizia a riflettere sulle disgrazie personali. Ero ragazzina e i grandi dicevano che quando erano ragazzi loro, allora sì che erano bei tempi, ché c'era l'agitazione studentesca, il Sessantotto, la disubbidienza, il sesso libero e Woodstock. Altro che i Duran Duran. I giovani avevano grandi valori, che esprimevano in un impegno politico idealista e contemporaneamente concreto o che indirizzavano verso un'arte estrema e coraggiosa a tutto tondo.

Poi sono diventata una ragazzona, mi sono laureata e sono entrata nel mondo del lavoro. I soliti grandi (sempre più grandi) sospiravano che, ahimè, i tempi non erano più quelli, ai loro sì, che usciti da scuola si trovava un bel lavoro, che si era gratificati, che il titolo di studio era considerato, che c'erano i valori, che la politica contava qualche cosa, guarda ora invece: che corruzione, che ignavia, che mancanza di ideali, che mosciume generale.

Adesso sono grande anch'io. Ma quelli più grandi di me (che mi permetto di chiamare vecchi) mugolano ancora che, be', c'è poco da fare, questa nuova generazione adulta ha fallito in ogni direzione e ha costruito un mondo sbagliato.

Sono nata troppo tardi per ogni cosa, insomma. E mi sono persa le epoche storiche più ganze.

Da quando osservo con più concentrazione il mondo dell'infanzia, mi rendo conto di averlo (inconsapevolmente) preso in tasca anche da bambina. Questo mi turba più di ogni altra scoperta.

Quando ero piccina io, l'educazione era rigida, la disciplina ferrea, le regole indiscutibili e la libera espressione estremamente limitata. Eppure il mio babbo e la mia mamma erano (e sono) tra le persone più gentili della Terra. Possibile?! Possibile, perché per farsi obbedire non hanno mai avuto bisogno di fare tanti versacci brutti né di pronunciare tante parole cattive. Pochissime parole e un atteggiamento serio e coerente mi avevano convinta del fatto che ero solo una bambina e che come tale mi dovevo comportare: questo implicava giocare in difesa, vivere abbastanza defilata, rinunciare in partenza al ruolo di primadonnina, mostrare totale rispetto per gli impegni e le faccende degli adulti, parlare quando la necessità me lo imponeva, quando le contingenze mi si mostravano idonee e favorevoli e soprattutto privilegiare il silenzio, prerogativa dell'ascolto. Io ero docile e mi attenevo con scrupolo militare al costume imposto non soltanto a me, ma tendenzialmente a tutti i miei coetanei. In casa dedicavo pomeriggi interi al gioco. Ergevo palizzate, costruivo recinti, li popolavo di animali, ipotizzavo abitazioni destinate agli umani: ecco la mia fattoria quotidiana, che ogni sera smontavo per riporre i componenti meticolosamente al loro posto. Non perché fossi una piccola esaurita andata in fissa con l'ordine, ma perché la mia mamma così mi aveva insegnato. Perché la casa – mi diceva – non era solo mia, era anche sua ed era pure del babbo. I quali, lungi dall'essere miei schiavi, avevano altro da fare che rimettere a posto il mio ludico ciarpame.

Mi avevano tirata su con il senso del rispetto per le cose. Conseguentemente, con il senso del rispetto per le persone, strettamente vincolato a un religioso senso dell'attesa. Attendevo che fosse il momento, che fosse il caso, attendevo di non disturbare, di non interrompere. Mai mi sarei permessa di berciare "Mamma!" mentre mia madre stava parlando con qualcuno. Mai avrei strattonato la giacchetta al babbo, se lo avessi visto con la cornetta in mano.

Poi non so chi fu, ma arrivò qualcuno a dire dei bambini: lasciamo che si esprimano. Il dramma fu che non era un bischero solo, preso a caso: erano pedagogisti di chiara fama, era gente che aveva studiato tutto lo studiabile, gente che se ne intendeva. I genitori iniziarono ad ascoltarli, si fidarono di quei consigli e fecero come dicevano loro.

Io però ero già cresciuta. Ero arrivata troppo tardi anche a quel giro.

La teoria educativa del "Lasciamoli esprimere", dura da estirpare una volta attecchita, la fa tuttora da padrona. Sempre più raramente mi capita di parlare al telefono con qualcuno che ha dei figli piccoli – ma già perfettamente dotati di parola – senza che mi tocchi aspettare il mio turno per finire un discorso iniziato: quelli s'intrufolano impunemente e immediatamente ottengono diritto di parola, di ascolto e di replica. Sempre più raramente sento il mio interlocutore mettere a tacere l'intruso e richiamarlo al rispetto della fila. E sempre più raramente mi rendo conto che il piccolo intruso abbia davvero qualcosa di urgente, vitale, irrinunciabile da dire. Anche perché, vista l'età.

Così trovo una scusa e riattacco. A sorbirmi quelle conversazioni che procedono a singhiozzo e scadono nella noia, mi sentirei come Nanni Moretti in *Caro diario*, che chiama gli amici per parlare insieme a loro e invece si sciroppa mezz'ora di dialogo demenziale con qualcuno che al telefono ancora non si dovrebbe nemmeno avvicinare.

In tutta onestà, frequento poco le coppie che hanno figli piccoli. Ma non per i figli: per le coppie.

A fatica digerisco quel processo di azzerbinamento a cui i nuovi genitori si assoggettano. Un esempio per tutti: la scelta degli abiti da indossare per uscire. Si può vedere uno gnomo, ritto davanti alle ante spalancate dell'armadio, prendersi tutto il tempo necessario per l'individuazione del completino del giorno? Si può assistere, nei negozi, allo spettacolo ridicolo di genitori che ormai si limitano a scucire soldi alla cassa perché la scelta reale degli indumenti è delegata al figlioletto? È questo il metodo per educare i figli alle scelte responsabili? È questo il modo per far di loro una generazione consapevole? Io tanto per cominciare vieterei la vendita di abiti firmati per l'infanzia, immorali nei loro prezzi da denuncia. Ai bambini stanno benissimo le tutine plebee delle bancarelle: comode, colorate, confortevoli, facili da lavare e accomunanti. Senza essere divisa, creano senso d'appartenenza: l'appartenenza a un'età felicemente libera dalla schiavitù dell'apparire.

Quando invece, raramente, casco nella trappola e mi condanno a una serata tra le coppie con i figli, immancabile arriva prima o poi alle mie orecchie l'orgoglio dei genitori: «Ma lo sai che si sceglie da solo i vestitini tutte le mattine? E guai a non fargli mettere quello che decide!».

Infatti poi ce li ritroviamo adolescenti e studenti, quei bambini. Li incontriamo per la strada e nelle scuole, quei ragazzi. Hanno l'arrogante presunzione di essere autonomi e pagano sulla loro pelle la triste constatazione di non esserlo. Perché in realtà hanno bisogno di essere guidati e indirizzati, bisogno di sentirsi dire no, bisogno di essere ascoltati veramente.

Forse capiscono che l'infanzia libertaria e dialogante in cui sono cresciuti era un bel bluff. Perché libertà e dialogo sono tra le parole più importanti della nostra lingua, ma senza regole condivise e cultura del rispetto sono una casa costruita sulla sabbia.

Largo al bon ton

Detesto far supplenza in classi non mie, dove le abitudini, i meccanismi, le regole e le consuetudini sono diverse da quelle che in genere pattuisco con i miei studenti. Però a volte tocca: non resta che accettare, ingoiare, firmare l'ok e andare.

«Buongiorno ragazzi!»

«Umpf...»

«Ehm, ragazzi, dico: buongiorno! È questa la quarta D, giusto?»

«Mh... huff... gmph... be'... sì...»

«Scusate, in questa classe non si usa alzarsi in piedi quando entra l'insegnante?»

«Veramente... no.»

«E voi tendenzialmente non dite "buongiorno" quando incontrate una persona?»

«Tendenzialmente, no.»

«Male.»

«?!»

«Parecchio male.»

«...»

«Oserei dire: malissimo.»

«...»

«Propongo di rifare la scenetta e ricominciare tutto da capo, con il mio buongiorno e la vostra alzata generale: ci state?»

«?!»

Torno alla porta, esco dalla classe, chiudo. Riapro, entro, smaglio un sorriso sfacciato.

«Buongiorno!»

(tutti in piedi, sorridendo anch'essi, benché un po' increduli e basiti) «Buongiorno!»

Morale della favola: i ragazzi di oggi non hanno educazione soltanto quando gli adulti si scordano di insegnargliela.

Che poi, non è che ci vorrebbe una lista di chissà quante voci, per educare i bambini e aiutarli a diventare futuri buoni adolescenti: ne basterebbero poche. Purché buone. E impartite fin dalla più tenera età. Proviamo a stendere una specie di decalogo:

– Si dica *grazie* e *per favore* in ogni circostanza che lo richieda. Si chiede alla mamma un bicchier d'acqua: per favore. Ella ce lo porge: grazie. Si riceve un dono: grazie. Ne abbiamo uno identico in cameretta che oltretutto ci fa schifo: grazie lo stesso. La più falsa delle verità sostiene che non c'è nulla di più commovente della massacrante sincerità infantile.

– Si salutino gli adulti. Gli amici del babbo e della mamma che vengono a trovarci a casa, quelli che incontriamo in ascensore, quelli che incrociamo per la strada. Anche quelli brutti, col naso enorme e l'alito pesante.

– Si stia composti a tavola: se ci si fa ancora la cacca addosso, nel seggiolone. Se si siede in mezzo agli altri, sulla sedia, da cui non ci si alza per mettere le ginocchia sulla tovaglia ed elevarsi a Giulio Cesare prima di un discorso al Senato. Non si usino le posate per scopi diversi da quelli per cui sono state introdotte nella società: tagliare, raccogliere, afferrare il cibo e portarlo alla bocca. Non si sputi la minestrina in faccia al nonno. Niente caccole, rutti e scoregge mentre ci si alimenta.

– Non si interrompano gli adulti quando parlano. Non si chieda il permesso di comprare qualcosa di vietato approfittandosi della presenza di estranei per mettere in difficoltà il babbo e la mamma.

– Si rispettino le persone anziane: guai a prendere per i fondelli i vecchini al parco, a infamarli a voce alta, a renderli vittime di scherzi villani. Se si abita in compagnia di un nonno o di una nonna e si hanno due o tre anni d'età, si eviti di interrompere bruscamente il pasto per urlare contro uno di loro: «Sei brutto/a: vai via!».

– Si dia del lei agli insegnanti. A tutti gli insegnanti, di ogni ordine e grado. In primis alle maestre elementari, che dal canto loro la smetteranno di remare contro facendosi dare del tu e rovinando i bambini con la crescita.

– Una volta cresciutelli e divenuti scazzati adolescenti, si eviti di rientrare da scuola sostituendo il civile saluto di cui al punto 2 con un grugnito animalesco: si aggiusti invece il volto a un sorriso aperto e gentile pronunciando chiari, udibili e scanditi *buongiorno* o *buonasera*.

– Si eviti di rintanarsi in cameretta masticando ancora gli avanzi dell'ultimo bolo alimentare ingurgitato in fretta e furia.

– Qualora ci si rintani, si eviti di cacciare a male parole chiunque si appropinqui alla porta.

– Si eviti di rivolgersi agli adulti di famiglia con espressioni quantunque giocose ma pur sempre offensive tipo: «Ma sarai scemo?», «Ma quanto sei scemo!», «Ma sei scemo?!».

Sembrano fesserie scontate?

Io dico di no, se sui giornali si riporta la notizia di una scuola del centro Italia che ha deciso di dedicare parte dell'insegnamento impartito agli studenti alla buona educazione. Il progetto di questo atipico circolo didattico (il più grande d'Italia, oltretutto, con le sue settantacinque classi) è annuale e si conclude con quella che potremmo definire una Champions League della Gentilezza, una gara tra piccini in cui vince chi è più garbato, trionfa chi è meno cafone, che tornerà a casa con una bella pagellina tra le mani a testimonianza di un comportamento giudicato degno d'encomio, ma che dovrebbe essere considerato d'ordinanza.

Sa un po' troppo di De Amicis o, peggio, di balilla? Non lo diremmo, assicurano i giornali, se conoscessimo di persona il dirigente scolastico che ha inventato tutto questo. Pare che nel suo ufficio, Napolitano stia nella parete frontale a quella in cui troneggia l'Ingrid Bergman di Andy Warhol, che abbia studiato filosofia e l'abbia insegnata, poi sia passato alla dirigenza con un'idea dell'educazione non reazionaria né bacchettona. *Vintage*, semmai, se con questo aggettivo di cui ci riempiamo la bocca intendiamo qualcosa che una volta andava di moda e che ora non va più, a meno che non lo si rispolveri per dargli nuova vita. Questo preside originale sostiene di essersi ispirato al don Giovanni Bosco degli oratori e al Barack Obama dell'America che ha voglia di cambiare. E a informarsi bene non è un caso unico in Italia: ho scoperto da poco che da noi esiste addirittura un'Associazione Rispetto e Buone Maniere, un organismo che ogni anno premia insegnanti, cassiere, bigliettai o vigili che si siano particolarmente distinti per il loro garbo rivoluzionario. E ho saputo che nella bergamasca i genitori di una scuola elementare hanno organizzato ore di «Tante e piccole buone maniere». E che nel varesotto ci sono cinque classi che, insieme all'italiano, la matematica, la storia e la geografia, studiano buone maniere e responsabilità.

Il messaggio che si cerca di far passare è: se ti comporti bene, hai più amici e sei rispettato.

Ma se si parla con gli stessi ragazzini e con gli insegnanti che lavorano con loro, il giudizio che emerge è unanime e corale: sono i genitori, che andrebbero rieducati. Pare infatti che per ottenere la collaborazione dei parenti a questi progetti numerose camicie siano state sudate. E certamente i progetti non servono a nulla, se una volta tornati a casa i ragazzi non trovano regole analoghe.

Gli insegnanti di queste scuole sovversive sostengono che la vecchia educazione non c'è più perché i genitori sono altrettanto diseducati: cosa può insegnare uno che vorrebbe entrare in classe con il Suv per accompagnare il figlio?

Va anche detto che neanche la scuola è sempre sufficientemente preparata a tamponare le falle, come invece le verrebbe richiesto. La selezione degli insegnanti in Italia avviene secondo meccanismi che, se non fossero tragici, definirei comici. Finisce in classe ogni tipo di persona, dalla più idonea alla meno equilibrata, dalla più educata alla più incattivita, svaccata e inacidita.

Una selezione seria, attenta anche all'aspetto umano oltre che a quello culturale, da attuare in tempi rapidi e in modi radicali, e poi seguita da controlli periodici e puntuali, rimetterebbe a posto molti aspetti che attualmente non lo sono.

Ma il lavoro grosso spetta alla famiglia, alla quale nessun ente, organismo, associazione o istituto si può sostituire.

Buon compleanno

Presente la festicciola di compleanno? Fino a qualche annetto fa, prima di organizzarne una, si aspettava che il festeggiato avesse raggiunto l'età giusta per rendersene conto. Tutto quello di cui c'era bisogno per metterla su era la casa di chi compiva gli anni, qualcosa da mettere sotto i denti, una torta decorosa per il rito delle candeline e qualche compilation di musica anni Ottanta, che fa ballare anche l'impiantito. L'invito girava oralmente all'interno della classe, confermato da una rapida telefonata tra le mamme. Nel giorno stabilito i bambini venivano accompagnati, depositati col loro bel regalino in mano (un pensierino, un simbolo, nulla di che) e ritirati alla fine delle laconiche celebrazioni.

Oggi l'invito a una festa di compleanno s'intrufola subdolo nelle case sotto forma di cartoncino prestampato infilato di soppiatto nello zaino di ogni bambino dell'asilo o della scuola. Quando te lo ritrovi in mano, sei praticamente costretta ad accettare. Accettando, sottoscrivi passivamente l'intera procedura che ne consegue.

Il rito prevede di raggiungere un luogo capiente quanto asettico preso in affitto dalla famiglia dell'inconsapevole festeggiato. Qui, mentre una ditta di catering allestisce un banchetto degno di Eliogabalo, si concentrano i microinvitati (più ce ne sono, più la festa assume toni solenni degni di memoria) e (piccola recente innovazione) tutte le loro macromamme, presenti in carne ed ossa per attivarsi non nella parte logistico-organizzativa ma in quella passivo-osservatrice.

A guidare la festa infatti non sono loro: sono (ecco l'assoluta novità) le animatrici, ragazze che per buscare qualche extra s'incaricano di intrattenere i bambini truccandoli da gatti e facendoli ballare sulle note strazianti di una certa Nonna Pina che fa le tagliatelle o di quel coccodrillo che ancora non s'è capito come fa. Sono le animatrici a imporre i tempi, sono loro a stabilire i momenti, di cui l'apertura dei regali è certamente uno dei più spaventosi per la sfacciata platealità che lo governa.

Tutti gli astanti si riuniscono intorno all'imberbe festeggiato, spesso l'unico a cui quella pantomima non interessa affatto perché a stento ne capisce dinamiche e finalità: i grandi pacchi sfilano pubblicamente, vengono sventrati, ne viene estratto il costoso contenuto, uno dopo l'altro, velocemente, in una corsa al pacco successivo che forse uno che se ne intende un po' giudicherebbe devastante per lo sviluppo del desiderio e della curiosità.

Ma suvvia, non stiamo a pensare a questo: corriamo piuttosto al tavolone della torta! È vero, ha dimensioni nuziali, ma del resto non ce l'ha anche il numero dei presenti? Quando tutti sono appostati per il momento clou della giornata, anche l'ultimo degli antichi riti crolla per lasciare il posto alla modernità: una volta si faceva il buio, si creava un'atmosfera rarefatta d'attesa, s'imponeva il silenzio affinché il festeggiato trovasse la giusta concentrazione, esprimesse il suo desiderio in santa pace e infine soffiasse con tutta l'aria che aveva nei polmoni sperando di spegnere quelle poche candele. Ora no: anche la soffiata è diventata spettacolare e viene espletata in collettività. Tutti insieme, appassionatamente. Con una fitta pioggerellina di sputazzi, salivame e moccicume dritta sulla torta, alla faccia delle mamme che, a festa finita, intabarreranno i loro piccini per proteggerli dalle terribili influenze di questi ultimi tempi.

In una decina d'anni questi bambini crescono e io me li ritrovo in classe. E dal momento che *tempus* (porcaccia la miseria infame) *fugit*, assisto con loro all'arrivo del genetliaco numero diciotto, il più importante, l'anno spartiacque, il riconoscimento sociale dell'età matura. Se per i tre o quattro anni si è preso in affitto un semplice salone, un calcolo proporzionale anche approssimato per difetto obbliga a valutare l'ipotesi di una villa con giardino e piscina o, in alternativa, di un castelletto medievale con parco. Che villa o castelletto siano, infatti.

«Profe! Tra due mesi faccio diciott'anni!» annuncia in classe una diciassettenne agli sgoccioli anagrafici.

«Oh, che bellezza! *Chi vuol esser lieto, sia!* E, dimmi, cosa farai per celebrare l'evento?»

«I miei mi regalano una megafesta nel castello di Sanmezzano, una ditta di catering penserà al rinfresco, un gruppo curerà la musica e due ballerini coordineranno le danze di gruppo. Sul biglietto d'invito ho imposto a tutti l'abito elegante. Io sarò divina: la mamma ha promesso di comprarmi in boutique un capo firmato che farà schiantare d'invidia le mie amiche!»

«Ah, capisco...»

«Profe, perché fa quella faccia delusa?»

Be', perché. Perché una festa messa in piedi per provocare l'invidia altrui equivale a fatica, energia, soldi sprecati e cattivi sentimenti che non portano mai a niente di buono. Perché una festa, semmai, andrebbe organizzata per la condivisione gioiosa di un qualcosa a cui si tiene, con le persone a cui si vuol bene. Perché una festa per i diciotto anni dovrebbe mantenere una sua semplice spontaneità e non confondersi con il clone triste del più trito ballo delle debuttanti della cosiddetta alta società. E perché, comunque la metti, una festa per i diciotto anni è la perdita di una grande occasione.

«Perché, secondo lei cosa dovrei fare?!»

Calcolata la cifra necessaria alla baracconata di pessimo gusto che festeggiata e relativa famiglia hanno in mente, io contropropongo sempre un viaggio.

«Pensa alle città europee, informati sulle loro note peculiarità: scegli Madrid o Berlino per le offerte culturali e ricreative destinate ai giovani, scegli Barcellona per la vita notturna, Londra per la full immersion nella lingua che stai studiando alle superiori, Parigi se ti senti più romantica che viveur, Amsterdam se vuoi osare, Vienna se vuoi riposare, Praga se vuoi sognare. Della festa ti dimenticheresti dopo una settimana; in alternativa, ne ricorderesti solo il sapore amaro dell'occasione spesa male. Il viaggio ti resta dentro per la vita, perché niente celebra la maturità più dell'apertura dei nostri orizzonti. Sai cosa dice un adagio degli indiani d'America? "Chi non viaggia per vedere tutti i posti della Terra è come un ranocchio nella sua pozzanghera."»

A volte mi prendono per musa ispiratrice e partono.

A volte mi prendono per scema e organizzano la festa.

Del genitore iperattivo

Oggi è di gran moda riempirsi la bocca di un aggettivo, che rimanda a una sigla, che ha una traduzione, che indica un disturbo della personalità: la sigla è ADHD, la traduzione che se ne dà è Attention-Deficit/Hyperactivity Disorder e il disturbo psicologico che indica è sindrome da deficit di attenzione e iperattività.

Pratica diffusa e assai consolidata è abusare dell'aggettivo che ne deriva e dare dell'iperattivo a un ragazzo su tre. Uno studente ha difficoltà a concentrarsi, stare seduto e fermo, dedicarsi con calma a un lavoro senza captare distrazioni? Signore e signori: costui è iperattivo. La parolina è magica e solleva in un istante tutti gli adulti che gli stanno accanto da ogni responsabilità.

Voglio osare e scrivere quello che finora non ho mai letto da nessuna parte: a guardarsi bene intorno, è di adulti iperattivi che strabocca il mondo.

A parte il fatto che vanno sempre di corsa, e sono sempre in ritardo, e c'hanno sempre l'affanno, e non si rilassano mai: ma soprattutto sono esattamente loro a intortare i figli in tutta una serie di attività forzate che rendono quei poverini agitati, incapaci di acquietare se stessi e trovare un sano equilibrio. A renderli cioè iperattivi come loro.

Costoro cominciano a stressare la prole quand'essa è ancora imberbe, spesso incapace di deambulare con padronanza di mezzi: che importa, tanto si va a nuoto. Chi non porta i piccini a praticare baby-swim? Solo le madri inattive, flaccide e degeneri. Tutte le altre, via di corsa in piscina, a immergere i pargoli nell'ambiente più accogliente e stimolante per la loro esistenza futura. Da che mondo è mondo, l'acqua spinge alla socialità, favorisce lo sviluppo fisico, motorio e mentale e rende autonomi. Autonomi a un anno di vita: è tanta roba.

Ma poi fosse questione solo del nuoto.

Guai a dedicarsi solamente a un'attività. Guai a non mettere molta, moltissima carne sopra il fuoco. Via libera dunque al calcio, alla batteria, al teatro (se si ha un maschio), alla danza, al volley e al pianoforte (se si ha una femmina). I più trendy non mancheranno di iscrivere il proprio nano agli allenamenti di rugby: mai come da un biennio a questa parte se ne sono scoperti i miracolosi benefici sui bambini. I più meticolosi pretenderanno dalla scuola che siano organizzati corsi extracurriculari (la scuola-azienda del resto farà la corsa a organizzarne) e spediranno anche là i loro pargoli dinamici.

L'agenda dei genitori pullula degli appuntamenti dei figli.

«Come si fa a star dietro a tutto, professoressa, siamo sempre così di corsa...»

«Eh sì, be', immagino, il lavoro...»

«Sì, ma quello alla fine sarebbe il meno. Tutti gli impegni dei ragazzi! Sono quelli che ci levano il respiro! Ché poi io ne ho due, Antonio è il secondo, ma poi c'è Luca, il piccolo, di quattro anni. Antonio va a calcio tre pomeriggi a settimana e in palestra quando non ha calcio. Luca frequenta un corso di attività creativa e manuale, fa rugby e musicoterapia. Siccome abitiamo fuori città, in campagna, io e mio marito ci facciamo in quattro per portarli dappertutto. Ma cosa dovremmo fare, tenerli a casa? È indispensabile che i giovani siano in movimento, questi ragazzi vanno tenuti impegnati!»

In qualità di osservatrice esterna e fortunatamente estranea alle dinamiche parentali moderne, ho l'impressione che quello che si teme di più sia vedere inattivo un ragazzo. Come se, per il suo momentaneo far niente, egli corresse il rischio di crescere malsano. Come se solo occupando tutto il suo tempo egli avesse la garanzia di un futuro smagliante. Come se egli, in definitiva, fosse il riassunto e l'anticipazione di quello che sarà un domani, da grande: un individuo attivo, conseguentemente di successo. Come se solo l'azione fosse sinonimo di realizzazione e felicità. Come se la noia, intesa come pausa prolungata nell'inattività, fosse un morbo.

Io ho passato anni, ad annoiarmi.

I miei pomeriggi erano infiniti, gli anni scolastici duravano un'eternità e le mie estati non giungevano mai. Com'era densa di mistero, l'attesa. Com'era carica di promesse, la vita.

Nella noia credo di aver avuto la percezione della parte più recondita di me e di aver elaborato i miei primi pensieri profondi. Nella noia sono riuscita ad ascoltare me stessa e gli altri, a concentrarmi, ad aspettare.

Nella noia il mondo assume dimensioni sempre differenti e ora si dilata, ora si contrae. Mutano le proporzioni, l'importanza delle priorità, i punti di vista.

Nella noia è possibile comprendere il peso specifico della riflessione e della contemplazione.

Scrive Tahar Ben Jelloun: "Un mondo in cui non ci sia più posto per la noia è un mondo formattato dall'illusione. Bisogna insegnare ai nostri bambini ad annoiarsi, forse è il modo migliore perché non abbiano mai male alle mascelle a forza di sbadigli".

Del genitore che "Chi te lo fa fare?"

La scuola è un osservatorio privilegiato per farsi un'idea di quello che pensano molti giovani, di quello che si dice nelle loro famiglie e conseguentemente della piega che sta prendendo il mondo.

«Nella vita conta il successo.»

«E i soldi.»

«Sì, tanti soldi!»

«Tanti soldi senza durare fatica!»

«E essere famosi!»

«E avere visibilità.»

«E che si parli di noi.»

«Nel bene o nel male, purché se ne parli.»

«Guarda i tronisti!»

«E le veline!»

Sono frasi che aleggiano, svolazzano e rimbalzano tra le classi.

A pronunciarle, con aria vissuta ed esperienza da vendere, sono gli studenti.

A parlare al posto loro, spesso, sono i loro genitori.

Mi rifiuto categoricamente di credere che certe affermazioni blasfeme nascano spontanee dalla testa di un ragazzo di quattordici anni. A quell'età il cervello naviga in un mare di illusioni, tutte le porte sono aperte per la realizzazione dei propri sogni e il concretizzarsi delle proprie aspirazioni. I giovani, scrive Paul-Jean Toulet, dovrebbero essere "ebbri: ebbri di vivere". Dovrebbero credere ciecamente nei loro talenti, avere la ferma convinzione di potercela fare, ma non con l'inganno, col raggiro, con l'astuzia: con le proprie forze e i sacrifici. Dovrebbero aver voglia di spaccare il mondo in mille pezzi e di ricostruirne uno migliore.

Invece li guardi e, in molti casi se non (fortunatamente) in tutti, vedi lo sguardo spento di chi ha già avuto la soffiata che la macchina è truccata, il meccanismo manomesso, e i giochi bell'e fatti. Gli leggi in faccia la demotivazione e dalla gola gli senti risalire la frase più brutta: «Chi me lo fa fare?».

Effettivamente chi glielo fa fare, a un giovane di oggi, di andare a scuola, studiare quelle tre o quattro ore al giorno, assumersi e mantenere l'impegno per il tempo delle superiori, poi dell'università, quindi affacciarsi sul mondo del lavoro e proporsi con professionalità, con serietà, senza svendersi, senza accettare compromessi, senza pestare i piedi agli altri?

Chi glielo fa fare di restare integro e farsi un mazzo tanto se, accendendo la televisione, sbatte il muso contro politici, veline, ministri, soubrettine, uomini e donne che non sono lì grazie a un uso consapevole e corretto dell'intelletto, oltre che del congiuntivo?

Chi glielo fa fare di essere considerato coglione per primo da chi lo ha messo al mondo e, accompagnandolo sulla linea di confine in cui la prima parte della vita finisce e inizia la seconda, non ha mancato di dirgli, in rigoroso toscano: «Vai, e ricordati di mettercelo tu, prima che ti ce lo mettano», dove quel «ce» ha un valore locativo fin troppo esplicito?

C'è, dietro questa maldestra metafora di malcelato gusto sodomita, tutto un modo di leggere il mondo, il rapporto con gli altri e con se stessi.

C'è un delitto, dietro questo consiglio apparentemente pronunciato a fin di bene.

C'è l'uccisione della speranza, l'omicidio della fiducia, l'eliminazione sistematica e scientifica del futuro: la soluzione finale dei nostri ragazzi.

Del genitore che "Fosse per me!"

Quando si sente messo sotto accusa e vede un indice che punta dritto su di lui, il genitore cerca immediato rifugio in un vigliacco scaricabarile e dichiara: «Fosse per me non lo farei: ma lo fanno tutti, sicché alla fine sono costretto a farlo anch'io».

Si riferisce all'iPhone da cinquecento euro che mette in mano al figlio (e che io confronto con il mio Nokia base, rabbrividendo e sentendomi al contempo una pezzente), al permesso che a quindici anni gli concede affinché esca ogni sera e torni all'ora che vuole, alla microcar che gli compra perché (tapino) non patisca il freddo rientrando nel cuore della notte mezzo ubriaco, ai soldi di cui gl'imbottisce il portafoglio perché non si faccia mancare nulla, alle vacanze estive con gli amici che gli spesa ogni estate senza che l'idea di mandarlo a lavorare o (in alternativa) di tenerlo a casa lo sfiori neanche di striscio.

Quante volte me la sento dire, quella frase: "Fosse per me".

Ma infatti *deve* essere *per te*! Tu devi importi con tuo figlio, tu devi dare l'indirizzo, l'impronta, la direzione! Chi se ne frega degli altri? Che siano loro ad allinearsi a te! Distinguiti dalla massa, sii originale, sii educatore. Sii genitore!

Quando frequentavo il liceo, tutte le mie compagne di classe d'estate andavano in vacanza coi fidanzatini. I miei genitori trasalivano al cospetto della pratica libertina. Trasalendo, vi si opponevano strenuamente. Fecero bene a portarmi in ferie con loro fino all'anno della laurea o presero una cantonata grossa come una casa?

Non mi aspetto una risposta: so bene che presero una cantonata eccetera eccetera, ma il punto non è questo. Il punto è: ebbero il coraggio di non allinearsi e difesero una convinzione in cui credevano fermamente, quella secondo cui, tenendomi con loro, non mi sarei concessa al fidanzatino in carica. Ora, che io al fidanzatino in carica trovassi comunque il modo di concedermi è altro discorso che non è questa la sede per affrontare. In quegli anni (come impone la regola tramandata di generazione in generazione e come ogni giovane dovrebbe fare per un paio d'anni almeno) detestai i miei genitori. Ma di loro ho sempre pensato che avessero due consistenti, enormi attributi sferici con cui sapevano tenermi a bada. Detestandoli, li stimavo. Stimandoli, li amavo profondamente, quantunque mi guardassi bene dal farglielo sapere.

Credo sia molto più comodo e molto meno faticoso seguire quello che fa la maggioranza: dicendo sempre "Sì, ok, va bene, fai pure" si ha l'impressione di navigare sulla stessa barca e ci si sente tutti assolti. In un mondo di ladri, nessuno sarà accusato di aver rubato. E soprattutto, ci si sente tanto, tanto amati dai figlioli.

Da cosa nasce tutta questa fame d'amore, nei genitori di quest'epoca? Perché tra le più mostruose paure che li dominano regna sovrana quella di non sentirsi sufficientemente amati proprio da coloro che essi stessi hanno generato? Perché credono che sia necessario calarsi le braghe per farsi amare dagli adolescenti?

L'adolescente ama nella misura in cui stima. È un dato indiscutibile. Più uno si metterà a chiappe all'aria davanti a lui, meno egli lo considererà meritevole di rispetto. E infatti mi pare (anche) questo, l'inghippo generazionale odierno: molti ragazzi non stimano più i loro genitori nella misura che spetterebbe a un figlio. E non lo fanno non perché sono peggiori di com'erano anni fa, ma perché la considerazione che hanno di questi adulti mollaccioni allineati si è fatta drammaticamente bassa. Chi vive o lavora accanto ai ragazzi dovrebbe avere il coraggio di farsi detestare. Troppo facile vivere di solo amore. Più che altro, troppo dannoso. Se, per sentirsi amato, l'adulto non si pone mai contro certe scelte e certi atteggiamenti del giovane che ha di fronte, povero quel giovane. Fortunato invece l'adolescente che deve combattere fiere battaglie per far capire, valere e accettare il proprio punto di vista, se è in quello che crede. Dalla dicotomia possono nascere interessanti stimoli e ottime occasioni di crescita reciproca. Dal piattume del vuoto educativo non nasceranno che molluschi.

Nel maggio del 1968 una massa di giovani parigini scese nelle piazze urlando uno slogan di battaglia ed eroismo: *Il est interdit d'interdire,* è vietato vietare. Ce l'avevano con le istituzioni, opprimenti e conservatrici, e con i genitori, castranti e bacchettoni. Oggi quei ragazzi sono adulti, sposati e riprodotti. I loro figli, senza scendere in piazza, urlano il loro tacito slogan, diametralmente opposto a quello di quarant'anni fa: "È vietato non vietare!".

Del genitore spia

Un nuovo esemplare di individuo femminile si aggira tra le strade della società tecnologica avanzata: la mamma-spia.

La incontri negli infernali negozi di marchingegni elettronici a chiedere informazioni sulle più recenti attrezzature immesse sul mercato per il controllo perpetuo e ubiquo dei figli.

Voi lo sapevate? Io no, l'ho letto sui giornali di recente e ne sono rimasta un po' turbata. Perché, dalla culla all'adolescenza, pare siano sempre più venduti i prodotti per un controllo 24 ore su 24.

C'è veramente di tutto.

Ai normali trasmettitori di segnali acustici che permettono di sentire se il bambino piange, si sono aggiunti i monitor che vedono nel buio grazie a LED infrarossi e che trasformano la cameretta in una location da *Grande Fratello*.

Un altro oggetto di culto per il controllo delle ore dedicate al sonno è il sensore del respiro. Pare di gran moda il sistema Angel care, dotato di un pannello che si infila sotto il materasso e che suona se per venti secondi consecutivi non rileva movimenti. Segue a ruota il Respisense, un monitor accompagnato da uno stimolatore che gentilmente dà una scossettina al bimbo, se questo smette di respirare.

Uno degli attrezzi che m'inquieterebbe di più se fossi bambina sarebbe il "babyguard", il telefonino guardia del corpo, detto anche "primofonino", che localizza sempre e ovunque il figlio dai sette anni in su facendo ascoltare oltretutto quello che gli succede intorno.

Ma è nell'adolescenza che iniziano le preoccupazioni forti per le mamme e i dolori veri per i figli: eccolo lì ad aspettarli al varco il "localizzatore personale", dispositivo con GPS integrato, che permette di sapere dov'è una persona con una precisione che rasenta il maniacale patologico. Uno di questi si chiama *Ubisafe*, ha le dimensioni di un pacchetto di sigarette, pesa settanta grammi, costa duecento euro e viene gestito via Internet: una volta installato infatti consente di vedere sul proprio cellulare la posizione dei propri cari ma anche di essere avvisato con un SMS se il pedinato penetra in una zona vietata o se supera i limiti di velocità.

L'aspetto ironico della questione sta nel fatto che, mentre i nostri nonni dormivano sonni beati e interrotti solo dalle urla reiterate dei piccini, i genitori odierni sobbalzano nei loro letti a ogni minimo mugugno del fagottino nella stanza accanto, a causa dell'amplificazione causata dallo stesso oggetto creato per garantire loro notti serene.

L'aspetto tragico te lo spiegano invece i ragazzi a scuola, quando nei loro temi a cuore aperto raccontano storie di genitori emotivamente soffocanti ma fisicamente assenti, iperprotettivi ma distratti, riproduttori su scala industriale di nuovi esseri umani che poi però trascurano perché, sa professoressa, il lavoro, e la palestra, e le cene con le amiche, e l'estetista, e gli hobby, e la televisione, e le passioni personali.

Con il mostruoso risultato di sapere sempre i ragazzi dove sono, ma non sapere mai che diavolo accade nelle loro teste.

Del genitore che allunga le mani

Ceffone sì o ceffone no? Il tema è attuale e delicato; la discussione completamente aperta.

Nella mia infanzia non incassai mai neanche uno scappellotto: ero una bambina così mite, inquadrata, obbediente che non vennero a crearsi mai le circostanze necessarie.

Nell'adolescenza, a causa di un rigurgito d'insofferenza nei confronti di certe regole del vivere civile, ne buscai tre volte. Date bene, ma non più di tre. Volendo ad oggi quantificare le conseguenze materiali di quegli episodi, non mi sembra di aver riportato danni significativi: non ricorro alla violenza nei miei rapporti interpersonali quotidiani, tratto con delicatezza sia i bambini che gli animali, sto più che volentieri in classe con i miei studenti e non credo di avere turbe psichiche. Posso quindi dichiarare che, nonostante quelle tre belle ripassate, non siano rimaste tracce deleterie né strascichi pericolosi nella mia personalità.

Con me funzionavano parecchio già certe frasi minatorie che la mamma mi vociava contro, tra cui conservo a perpetua memoria l'aforisma a sfondo biblico-gastronomico che dal libro della Genesi finiva dritto in cucina: «Come t'ho fatto, ti rimangio», quello d'ispirazione psicomotoria che esortava alla fuga in caso di compimento di dissennato gesto: «Chi non ha cervello, abbia gambe», e quello apocalittico-disfattista: «O bere, o affogare», il cui esito finale risvegliava nientemeno che l'idea di una prematura dipartita. Figuriamoci quanto potevano funzionare due manrovesci appoggiati a modino.

La prima volta ne buscai in sacrestia.

La Messa delle dieci era appena finita e il mio babbo stava elaborando la giusta punizione da infliggermi dal mistico momento dell'offertorio: mentre il prete, calato un silenzio tombale nelle tre navate, celebrava il rito della transustanziazione nella quale un dischetto d'ostia e un bicchier di vino diventano rispettivamente il corpo e il sangue di Nostro Signore Gesù Cristo, io, sfidata da un amico che mi credeva incapace di osare tanto, avevo abbozzato l'assolo eternato dai Deep Purple in *Smoke on the water* che il mio genitore purtroppo trovò inadatto al mistico contesto. Col mio amico vinsi la scommessa, ma dal sangue del mio sangue rimediai due manate abbastanza epiche e spettacolari, anche perché consumate pubblicamente al cospetto del clero, dei chierichetti e dei più intimi fedeli venuti a salutare il sacerdote a celebrazione conclusa.

La seconda volta feci incetta di schiaffazzi messa all'angolo della mia cameretta da mia madre.

Costei manifestava vistose difficoltà a digerire un'insignificante menzogna che le avevo rifilato al solo scopo di partecipare a delle segretissime prove di ballo. La festa di Carnevale incombeva, la gara di ballo a coppie ne costituiva il momento centrale e io e Marco non facevamo che sbagliare il tempo e pestarci i piedi. Urgeva una full immersion nel mondo del twist, dell'ulligulli e del rock 'n roll acrobatico: per questo quel geniaccio allestì una pista nel garage di casa sua e m'invitò a ballare dalle due alle quattro del mercoledì e del venerdì. Proprio quando avevo quel cavolo di catechismo. «Vado all'oratorio» dicevo alla mamma. Ma quella, non per nulla ribattezzata "La Gatta" dalle mie amiche a causa del suo fiuto sviluppato e specializzato nella rilevazione di bugie filiali, un pomeriggio mi seguì mimetizzandosi ora coi muri delle case ora con gli alberi della pineta e scoprì che, anziché studiare la parola di

Dio a manine giunte, volteggiavo con la sottana che mi copriva la testa lasciandomi scoperto l'intero parco chiappe. Mostrò per intero la sua contrarietà confinandomi (come dicevo) in un angolo della mia stanza e dandomele di santa, santissima ragione.

La terza volta fui rimbussolata da mio padre nel primo giorno dell'ora legale.

Come si diceva a quei tempi, "mi ero messa" con Cilabbro Doppio da poche settimane. Ero la rappresentazione umana dell'emozione e della felicità. Ero così innamorata di quel ragazzo che mi sarei buttata nel fuoco per lui: egli tuttavia, molto più interessato alla terra che al fuoco, mi buttava in continuazione sopra l'erba dei campi, per giacermi accanto e soffocarmi di abbracci, baci e raffinate tastate di coscia. Quella domenica il sole non tramontava mai: per forza, c'era l'ora legale messa di fresco. Così mi presentai a casa bucando alla grande la tabella degli orari stabiliti e cogliendo il babbo in evidente stato d'ansia e agitazione. Il resto va da sé.

Ora, la domanda: quelle pappine tra cap'e collo hanno influito negativamente sulla mia crescita?

Andrebbe chiesto a chi mi vive accanto, a chi mi frequenta tutte le mattine a scuola, a chi divide la casa, il letto e l'esistenza insieme a me. Andrebbe chiesto ai miei genitori che si ritrovano davanti il prodotto finito, ai miei amici che conoscono i segreti meandri della mia personalità, al mio gatto che mi vede come nessuno è capace di vedermi.

Su un testo di pedagogia divulgativa ho letto: "L'educatore è mite, o non è".

Per come la vedo io, l'educatore qualche volta ha tutto il diritto di incazzarsi.

Del genitore arrogante

"Siate gentili con le persone che incontrate salendo, perché tornerete a incontrarle scendendo."

Ogni mattina esco di casa promettendo a me stessa di vivere la nuova giornata alla luce dell'aforisma di Wilson Mizner. E non perché mi senta santa o aspiri a diventarlo. Solo perché sono convinta che in mezzo alla gentilezza si viva molto meglio.

Prima di superare il cancello del cortile condominiale e uscire sulla strada dandomi in pasto all'umanità, ho già incassato come minimo una cenciata sul muso: a volte a tirarmela è il condomino che m'incrocia senza dire buongiorno, altre volte è la signora che porta il cane a pisciare e non mi lascia aperta la porta dell'ascensore pur avendomi perfettamente vista arrivare, altre ancora il portinaio che ritira i sacchi della spazzatura e mugugna anziché salutare, trapassandomi con lo sguardo come fossi un ectoplasma.

Ma è salendo in auto che comincia il giro di giostra. La giostra dell'arroganza, dell'aggressività, dell'intolleranza.

«Tromba di più!» mi urlò una mattina un tipo sullo scooter, accusandomi di procedere a lumaca nei miei settantacinque chilometri orari su stradina in salita a doppio senso e tante curve. Io avevo espletato quella notte stessa pur non avvertendo l'urgenza di comunicarlo alla città. Lui, invece?

Nel frattempo, e da ogni direzione, giungono macchinine, macchine e macchinoni. Quelle piccine sono come i cani della medesima taglia, che sembrano inoffensivi e invece alla fine sono i più bastardi. Le macchine sono un po' più normali, ma pretendono comunque di dire la loro e di trovare un posto nel mondo oltre che nel parcheggio. I macchinoni, be', difficile commentarli senza rischiare di buscarne.

La mia giornata però non è che all'inizio. E siccome anch'io vado a lavorare come tutti, percorsa la mia strada entro a scuola; quivi non m'imbatto solo negli studenti, ma anche nei loro genitori, che (quando possono, vogliono, o pensano che sia di qualche remota utilità) vengono al ricevimento periodico individuale o (peggio ancora) a quello collettivo, appuntamento notoriamente assai delicato, momento ginnico di equilibrismi diplomatici, sorta di performance giocata sul filo di lama in cui bisogna riuscire a dire l'indicibile ("vostro figlio è un grandissimo maleducato") senza dare l'impressione d'averlo detto.

Se va bene, in questi confronti orali odo definire il diploma "pezzo di carta". Sarò anche andata in fissa, ma l'abusata espressione è tra le offese più sprezzanti e irriverenti che io abbia mai sentito pronunciare.

Se va peggio, mi sciroppo un turpiloquio di cui ormai tanti genitori non si rendono più neanche conto.

È vero: se si parla di linguaggio, io credo nella franchezza e nella trasparenza, detesto l'ambiguità, quel dire e non dire che puzza di mafia, la fumosità ipocrita. Ed è vero: se in classe tengo una lezione sulla comunicazione, esorto i miei studenti a porsi come scopo l'essere compresi, come fine il risultare chiari a tutti, e dico sempre che parlare cercando di non farsi capire è una forma di razzismo identica a quella perpetrata da don Abbondio ai danni di Renzo attraverso l'arma del latinorum. Con una convinzione altrettanto radicale, tuttavia, credo che esista un limite a tutto, diamine.

In occasione del ricevimento plenario, si avvicendavano alla mia postazione i babbi e le mamme dei miei alunni. In occasione dell'appuntamento di maggio, per esempio, l'andirivieni si snoda mentre dalla finestra spalancata entrano in aula raggi di sole e aromi freschi di fiori sbocciati.

Quel giorno, che ne so, sarà stata l'arietta frizzantina. Fatto sta che una mamma, dopo aver esordito esclamando "via professoressa, diamoci del tu, tanto a occhio e croce ci s'ha la stessa età", pensò di farmi dono gradito confidandomi che suo figlio a casa chiama lei "la rompicoglioni" (che in un italiano pur sempre chiaro ma magari un po' meno colorito potremmo rendere con "l'antipatica", "la sgradita", "l'inopportuna", "l'inattesa, ergo fastidiosa") e suo marito "il fava" (sostantivo pescato tra il lessico agreste, generalmente indicante un innocuo baccello, quantunque in area fiorentina indichi sovente l'organo genitale maschile e, per estensione, ogni uomo bollabile come "cazzone").

Dopo di lei fu il turno di un'altra genitrice la quale, appollaiatasi di fronte a me per domandare lumi sull'andamento didattico di quel lazzarone di suo figlio, e visto che tergiversavo prendendo tempo e meditando la frase che riassumesse la verità senza ferire nessuno, commentò: "Ecco, ho bell'e capito: l'è maiala". Quindi, nel dubbio che non avessi compreso il senso di quella metafora criptica e misteriosa riferita alla situazione, chiarì esplicitando: "Sì, insomma professoressa, ho inteso: sono cazzi amari anche quest'anno". Che poi, superato lo shock da registro linguistico e da scelta lessicale, mi dissi che tutti i torti non li aveva: vista la sfacciataggine, *quei cosi lì*, son proprio tanto, tanto amari.

A scuola ti capita con frequenza imbarazzante di dover socializzare con un genitore che con nonchalance afferma "mio figlio mi fa incazzare", con un altro che candido confida "mia figlia mi fa girare i coglioni", o un altro ancora che iroso lamenta "quello pensa di prendermi per il culo ma il giorno che mi gira male gli faccio un mazzo così".

L'apoteosi della malacreanza di massa si materializzò nel giorno di un altro (l'ennesimo) ricevimento collettivo, appuntamento che tendenzialmente dura tre ore e nel corso del quale i professori prendono posto nell'aula assegnata loro grazie a un piano di alta strategia relazionale elaborato a tavolino dai bidelli, mentre i genitori si mettono in fila civilmente, stilano un elenco di nomi in base al loro arrivo e, a turno, vengono accolti.

È sempre stato così.

Sempre, ma non quel giorno, quando, dall'interno dell'istituto in cui mi trovavo, distinsi con orrore una moltitudine umana di proporzioni pantagrueliche incollata alle vetrate dei portoni d'ingresso che, come uno sciame di tafani assetati di sangue equino, si spintonava e premeva per entrare, irrompere nell'atrio con la potenza di un fiume liberato dalla diga, lanciarsi a corsa lungo i corridoi come già Alboino e il suo barbarico esercito longobardo, conquistare il piano giusto, puntare l'aula giusta, urlare a gran voce il conquistato posto e comparire finalmente al cospetto del docente interessato.

Per esempio io. Che, osservata l'intera scena, avrei tanto voluto dire: "Vostro figlio è un grandissimo maleducato e i responsabili di tutto questo non potete essere altro che voi". Ma che, per una questione di rispetto (non contraccambiato), preferii tacere, pensando ai figli di questa gente: a scuola ci si scaglia contro di loro, li si accusa di non avere grazia, di essere sgradevoli e aggressivi, di non conoscere più la gentilezza, il tatto, la delicatezza. Di essere primitivi, rozzi e scorretti.

Poi conosci quelli che li hanno messi al mondo. Quelli con cui dividono la casa e i pasti. Quelli che ascoltano parlare e che osservano vivere.

Improvvisamente dai una spiegazione a tutto. Smetti di giudicare i tuoi studenti tanto severamente. E provi per loro un moto istintivo di tenerezza mista a compassione.

Del genitore che picchia gli insegnanti

Lo capii all'inizio della mia carriera d'insegnante, che i genitori con cui avevo a che fare assomigliavano ben poco ai miei. Per i miei, la colpa mi apparteneva puntualmente. Affinché il concetto mi fosse abbastanza chiaro, essi attingevano a spiritose proposizioni del parlato toscano quali "Meglio ave' paura che buscanne" o "Il mal voluto unn'è mai troppo".

Coi genitori dei miei primi studenti, invece, capitava a volte di dovermi, se non difendere, almeno giustificare.

Pazzesco come, ad esempio in sede di scrutini, una delle maggiori preoccupazioni che il docente deve avere riguardi non tanto la coscienza con cui valutare i propri alunni, ma la certezza di aver operato nel modo burocraticamente più corretto per potersi mettere in salvo nel caso (frequentissimo) di ricorso al Tar da parte delle famiglie.

I genitori che accettano all'istante la bocciatura del proprio figlio sono merce rarissima. Quelli che lo fanno sono reduci da un reiterato martellamento da parte della scuola, che si è attivata a tempo debito per ventilare, avvertire, infine annunciare a gran voce che qualcosa potrebbe non andare per il verso giusto.

Ora, teoricamente, in questo modus operandi c'è del buono: un contatto puntuale tra scuola e famiglia è quanto l'istituzione più si auguri. Il comico semmai irrompe quando quei genitori da avvertire sono gli stessi che, nel corso dell'anno, non si sono mai fatti vedere, quelli che hanno spavaldamente latitato ai ricevimenti e che non hanno mai controllato il libretto delle giustificazioni del figlio, per evitare di dover prendere coscienza di dare asilo domestico a uno degli assenteisti più impuniti della storia. Proprio a quelli bisogna andare a suonare il campanello e, come bravi assistenti sociali, comunicare che la tegola della bocciatura sta per abbattersi sopra le loro teste. Non farlo potrebbe costarci un'estate tra incartamenti e scartoffie, a convincere un ispettore scolastico che chi doveva fare il proprio dovere e non l'ha fatto, non siamo noi.

Recentemente un ulteriore passo avanti si è compiuto: i genitori picchiano gli insegnanti.

E se all'inizio il gesto sollevava un certo stupore costernato, vi dirò: adesso non fa più nemmeno tutta questa notizia. Si tratta ormai di una curiosa usanza, destinata forse a diventare – se non regola – almeno consuetudine.

C'è chi minimizza e attribuisce il clamore sollevato dai fatti narrati alla capacità tipica della stampa di montare la realtà; e poi c'è chi si permette di commentare con uno sconcertante «se gliene ha date di santa ragione, un motivo ce l'avrà avuto».

Lasciamo da parte il messaggio pedagogico quantomeno ambiguo nascosto dietro a una ripassata di cazzotti allungata da un genitore sulla faccia di un professore e parliamo, appunto, dei motivi.

I motivi in genere sono dichiarati con encomiabile sincerità dai protagonisti stessi. Gli ha dato un'insufficienza perché ha fatto scena muta all'interrogazione, lo ha rimproverato davanti ai suoi compagni perché copiava spudoratamente, gli ha messo un rapporto disciplinare sul registro di classe perché spippolava al cellulare durante la spiegazione, ha votato contro la sua promozione perché per nove mesi ha fatto il lavativo: vado a scuola, lo aspetto nel parcheggio e lo massacro. Se poi quel giorno mi sento particolarmente ispirato, entro dentro l'istituto e lo colpisco al cospetto dei bidelli.

Non fa una piega.

Di piegato, semmai, non resta che il muso dei docenti i quali, a tutte le latitudini dello stivale (da Macerata a Prato, da Milano a Napoli, passando per Ravenna, Brindisi, Parma, Brescia, Enna e Bologna), come informano siti Internet macabramente aggiornati (www.scuolaviolenta.blogspot.com, volendone citare almeno uno), vengono raggiunti da oggetti contundenti ancora prima di vedere da quale direzione genitori incivili e belluini li abbiano lanciati.

Del genitore competitivo

Il genitore competitivo lo riconosci da una frase. Egli se ne riempie la bocca, se la rimastica tra sé e sé mille volte al giorno, quindi la pronuncia con tutti quelli che hanno la mala idea di mettersi a chiacchierare insieme a lui.

"Mio figlio è *avanti*!" Traducendola in una lista di esemplificazioni, essa vuol dire: mio figlio cammina prima, mastica prima, parla prima; mio figlio ragiona prima (e meglio), ha un'ironia precoce (e più sottile) e una simpatia naturale (neanche comparabile con quella degli altri bimbi). Egli è più intuitivo, più originale, più spassoso; più autonomo, cerebrale, passionale.

È così *avanti*, che i giochi lo annoiano. È così *avanti*, che la normalità lo tedia. Così è costretto a bruciare tutte le tappe, per trovare quell'appagamento di bisogni sempre più elevati, che nulla hanno da spartire con i comandamenti dell'infanzia (primo: mangiare a sazietà; secondo: godere di ogni istante; terzo: infischiarsene del futuro).

Pare che in questo suo presunto essere *avanti* sia riposto il segreto dell'infanzia e la garanzia di un'età adulta gestita con successo.

«Ma hai visto come va veloce a costruire la casetta con il lego?» mi dice un amico indicando suo figlio.

«Bravo, sì.»

«I suoi coetanei all'asilo non vanno mica veloci come lui. Io credo che questo bambino sia *avanti* rispetto agli altri.»

«Dici?»

«Senti, non mi piace dirlo agli altri genitori, ma a te lo posso dire, so che mi capisci e che puoi valutare di persona. Guarda tu stessa: non ti sembra particolarmente intuitivo?»

«Be', dovrei frequentarlo un po' di più per azzardare un parere.»

«Fidati di quello che ti dico: ha camminato a otto mesi e ventiquattro giorni, ha detto *mamma* e *babbo* prima di tutti i suoi cugini e siamo costretti a comprargli giochi per un'età maggiore della sua perché con gli altri ormai si annoia.»

«Sai, i bambini di oggi sono tutti molto più sollecitati di quelli di un tempo per cui...»

«No, ma infatti il discorso non è questo. È che lui è proprio *avanti* anche rispetto ai suoi compagni di ora, di questo periodo. Capisci?»

«Capisco.»

In tutta onestà, a scuola non mi è mai capitato di essere coinvolta in conversazioni paragonabili nei toni a questa. Sarà che, quando si presentano al cospetto dei professori, quei padri e quelle madri non sono quasi mai genitori di studenti particolarmente *avanti*. E sarà anche che i genitori di quelli veramente *avanti*, poiché hanno saputo educare i figli all'onestà e alla trasparenza oltre che a tutto il resto, non hanno bisogno di venire a farsi dire da noi docenti come va il ragazzo, perché lo sanno benissimo da soli.

Comunque, se significa solo accelerare i tempi e bruciare le tappe, nella prospettiva lievemente passatista che mi tipizza e di cui ultimamente credo di aver riscoperto il valore, questo essere *avanti* mi sembra soprattutto la condanna a un destino infame. E mi sembra che il segreto sia piuttosto stare indietro. Che il gioco sia attardarsi. Che il jolly sia crogiolarsi e assaporare ogni fase della vita, *festina lente*, con la lentezza di chi gusta un alimento sublime.

Dei nonni perniciosi

«Buongiorno professoressa.»

«Buongiorno!»

«Siamo i nonni di Giorgio Moretti. Vorremmo sapere come va il nostro ragazzo. Il suo babbo e la sua mamma lavorano e non possono venire a colloquio con i professori.»

«Prego, sedetevi. Be', diciamo che Giorgio...»

«Ah, professoressa, scusi.»

«Sì?»

«Potrebbe far chiamare anche il nostro ragazzo? Così gli facciamo un salutino.»

I nonni, quando sono perniciosi, riescono a fare più danni dei genitori. E i nonni sono perniciosi per definizione, genesi e natura.

La pericolosità degli individui appartenenti alla categoria raggiunge livelli tanto elevati poiché essi, finalmente liberi dal fardello della genitorialità, si sentono socialmente autorizzati a varcare ogni confine regolamentare e a scorrazzare in compagnia dei nipotini nei verdi campi del permissivismo incondizionato.

Dopo aver dedicato un'esistenza intera a massacrare i propri figli con imposizioni, diktat e divieti, ora se la spassano alla grande contribuendo attivamente all'annientamento della più timida e incerta impostazione disciplinare che la loro inetta prole tenta (senza riuscirci) di impartire all'ultima generazione di famiglia.

Il danno che si viene a verificare, come si palesa facilmente anche all'occhio meno attento, è abominevole poiché duplice: i genitori sono dei mollaccioni e dal rapporto coi figlioli non riescono a cavare un fico secco, e i nonni aggravano la situazione consentendo ai nuovi arrivati di fare esattamente quello che vogliono.

Non solo.

Poiché per primi giudicano i giovani genitori inadeguati a espletare i ruoli di padre e di madre, i nonni intendono essere genitori due volte (dei figli ufficiali e dei figli dei figli ufficiali) però in modo annacquato, blando e drammaticamente incoerente: quello che una volta era irrinunciabile (l'educazione, il rispetto, il silenzio, l'ordine, la cura) ora è opzionale. Quando manca, se ne attribuisce la responsabilità ai genitori ufficiali o all'infanzia stessa, che non è vista più come una gioia ma come una sorta di malattia da cui si spera di uscire prima possibile per il bene di tutti.

In questo quadretto neo-familiare, nessuno alza più la voce, nessuno pronuncia un sano no, nessuno vieta, nessuno impone. Fatto più grave, nessuno s'incazza formalmente e ufficialmente: tutti si limitano a sospirare, a minimizzare, a scambiarsi occhiate imbarazzate e ad attendere il passare degli anni con la cieca fiducia con cui già si è atteso Godot.

Ma il bambino (che è piccolo, ma più furbo di una lepre) coglie nell'aria il clima lassista e se ne fa subito vantaggio personale. Fa, cioè, tutto ciò che vuole. Rompe, spacca, agita, corre senza meta, urla, sclera. Ho visto nonni andare alla stazione per alimentare il nipote appassionato di binari, nonni a quattro zampe resi schiavi, nonni percossi agli stinchi e messi alla berlina così, per mero gioco.

L'inattesa libertà concessa al bambino, tuttavia, non lo appaga. Al contrario, a livello seppur inconscio, lo irrita. Non chiedendoselo esplicitamente, egli si domanda: perché nessuno mi sa governare? Perché nessuno mi dice che quello che sto facendo non si fa? Egli è piccolo, ma l'istinto naturale lo aiuta a discernere il giusto dall'errato. I suoi parenti, che sono grandi, nella testa c'hanno il caos.

Ecco perché i bambini di oggi sono tutti agitati e irrequieti: perché sentono il peso delle responsabilità che i genitori per un motivo e i nonni per un altro non si prendono. Oggi non solo i genitori, anche i nonni chiedono al bambino cosa voglia indossare, dove desideri andare, cosa intenda fare della sua giornata: se vuole mangiare, dormire, uscire. E gli si assoggettano completamente.

A detta dei medici, tra i sintomi d'insofferenza che più frequentemente egli manifesta c'è l'insonnia (poiché dormono a ritmi sbagliati e spesso solo a patto di portarsi un genitore a letto), la difficoltà di concentrazione, l'ansia, la scarsa capacità di adattamento al sociale e perfino l'alimentazione monotona. Pare che nessuno si voglia più sbattere per nutrire con varietà e fantasia i bambini: nemmeno al ristorante, dove il gioco del menù e la tendenza alla curiosità per i cibi nuovi sarebbero d'obbligo, mamme e nonne riescono a contenersi e rinunciando a priori decretano: "Al bimbo non piace nulla, gli porti una pasta al pomodoro".

Senza buone abitudini, regole e confini il bambino diventa un tiranno e invade tutti gli spazi dell'adulto perdendo (per sempre?) il senso del rispetto nei suoi confronti.

Un bel giorno ce li ritroviamo a scuola, questi bambini cresciuti ma non maturati.

La famiglia si aspetta che l'istituzione arrivi dove essa non è riuscita ad arrivare.

Ma ormai è troppo tardi e quelli che un tempo erano piccole pesti ce li ritroveremo in giro per il mondo a fare la deprecabile figura di bambini mai cresciuti, a meno che non sia la vita, in malo modo e a suon di lezioni assai più dure, a metterli in riga.

Del genitore che non c'entra

E poi alla fine arrivano gli esperti di chiara fama che ridisegnano da capo la mappa delle responsabilità.

Essi sostengono che attingere dai ricordi personali di noi adulti per impostare dei confronti o prendere degli spunti non è di alcuna utilità: i tempi, in perpetuo mutamento da sempre, oggi sono cambiati veramente troppo, a velocità incontrollabile e in misura radicale. Un individuo che si ritrovi a vivere la giovinezza oggi, rispetto a un adulto di trentacinque o quarant'anni, è immerso in un contesto familiare e in dinamiche sociali che non sono neanche parenti della cornice in cui siamo cresciuti noi.

Psicoterapeuti, pedagogisti e psicologi di questa corrente, inoltre, sollevano *tout court* la famiglia da ogni responsabilità quando giunge per essa il momento del confronto (e dello scontro) con l'adolescenza: essi negano che i problemi dell'adolescenza siano in qualche modo legati all'impronta che infanzia e famiglia possono aver lasciato nel carattere di un ragazzo.

Riconoscono, questo sì, che i genitori possano avere difficoltà (a volte ingenti) a gestire l'adolescente nelle crisi che lo riguardano in quegli anni (dalle problematiche alimentari ai fallimenti nello studio). Ma senza mezzi termini affermano che l'ipotesi della responsabilità familiare finora sostenuta è completamente infondata.

Dove andrebbe ricercata, allora, la causa della crisi dell'adolescenza? Essi dicono: nell'adolescenza stessa. Che è di per sé un passaggio caotico, una fase difficilissima, una rivoluzione psicofisica di proporzioni spaventose. Un casino a tutto tondo. È l'adolescenza a fare, da sola, tutto quel macello. È tutto quello che essa è e comporta a mandare in tilt il cervello dei nostri ragazzi, a trasformarli a volte in qualcosa di radicalmente diverso da quello che erano stati fino all'anno prima, fino al giorno prima, e che noi adulti c'illudevamo di saper tenere sotto controllo. È lei, solo lei, il principale fattore di rischio.

Dopo il lavoro svolto in un modo o in un altro dalla famiglia, l'adolescenza è il vento che arriva, travolge, spazza via quello che trova. E riapre completamente la partita. Perché l'adolescente non è figlio della famiglia in cui è cresciuto, bensì figlio della comunità in mezzo alla quale vive, che è fatta di un certo contesto culturale e di amici, incontri, a volte casuali e inconsueti, imprevedibili e scioccanti. Che possono, in un attimo, vanificare anni di educazione, abitudini e regole consolidate. Che possono, in un lasso di tempo fin troppo breve, fare di un bambino un ragazzo che non gli somiglia affatto.

Ci andai una sera, dopo un pomeriggio intero speso in un tedioso Collegio dei docenti, a una conferenza dedicata a questo tema. E ci andai con alcune amiche, tutte mamme. Vi udimmo l'esposizione di questi contenuti che né io né loro avevamo mai avuto modo di ascoltare prima. All'uscita, loro erano beate.

«Cavolo! Ma allora non è colpa mia, quel caratteraccio di mio figlio!»

«Davvero! Che bellezza! E quindi io non c'entro nulla con quell'odiosa di mia figlia!»

«Finalmente una notizia che rincuora: se passo tutto ciò che sto passando con i miei due figli di quattordici e sedici anni, la colpa non è assolutamente da imputare a me!»

Sarà. Io, a queste teorie, non ci credo neanche un po'. Per me, l'imprinting che i genitori lasciano nella vita dei figli (se dentro quella vita ci sono stati e c'hanno speso del tempo significativo) è un'orma profonda fatta nel fango e resa solida dal tempo, è un fossile visibile a distanza di decenni, come un odore che non si dimentica, come una musica che ci riporta a un momento preciso e ricostruisce il passato con tre note.

Però è vero che, se attraversare l'adolescenza è sempre stata una battaglia, attraversarla oggi è una guerra. Dalla quale però si può anche uscire vincitori. E nella quale il genitore (credetemi) c'entra eccome, perché può avere il prezioso ruolo di stratega, combattere a fianco del figlio e, una volta finita, cucinare insieme a lui la cena della vittoria.

Elogio del dolore

I tempi saranno anche cambiati. Il dolore però è rimasto sempre quello.

Esso è una tenaglia che si serra alla bocca dello stomaco; è un crampo che non passa, un incubo che si fa credere senza fine. Il dolore ha un suono sordo e cupo, è un tonfo continuo e ritmato alle tempie, un risveglio con la bocca al sapore di merda e con gli arti restii al funzionamento. È un insetto, il dolore, grosso come noi perché quell'insetto è in noi, siamo noi. Ed è talmente grosso che, come gli insetti capovolti, non riesce a rigirarsi, non riesce a reagire. Il dolore priva delle forze come quando uno ride, ride, ride così tanto che gli manca il respiro e gli spariscono le energie per qualsiasi movimento. Il dolore però non ride mai. Il dolore si dispera e ti dispera, il dolore ti consuma senza consumarsi, il dolore sfianca, sfinisce, logora e corrode. Nel dolore ti senti incompiuto, fallito, depredato, annichilito.

Dino Buzzati scrive: "Ogni dolore viene scritto su lastre di una sostanza misteriosa al paragone della quale il granito è burro. E non basta un'eternità a cancellarlo". Ha ragione.

Se il dolore dei nostri adolescenti fosse disperazione, gli adulti in generale e i genitori in particolare farebbero benissimo a cercare di aiutarli concretamente: c'è un confine molto sottile nella soglia di questo stato d'animo che strazia, su cui bisogna vigilare affinché i giovani non vadano oltre con conseguenze disastrose.

Se però la sofferenza che i ragazzi provano è legata a qualcosa che non hanno svolto o che hanno svolto male, se è dovuta a mancanza di responsabilità personali oppure ad esperienze della vita che vanno comunque fatte e a fasi che vanno comunque attraversate, allora no, i genitori devono stare al loro posto, devono sapersi fare da parte e lasciare che il dolore delle conseguenze faccia il proprio corso. Che tormenti, faccia soffrire. Che faccia crescere.

Invece essi, oggi molto più di ieri, fanno di tutto per risparmiare ai figli la loro dose di dolore. Spianano loro così tanto la strada da renderla un'immensa pianura tutta uguale, priva di impedimenti da superare, di deviazioni tra cui scegliere, ripulita da sassi, tronchi, torrenti e precipizi. Fanno per loro il lavoro che don Abbondio faceva per se stesso, quando spostava con una pedata i ciottoli in mezzo al suo sentiero quotidiano per non avere impicci, per filare liscio, per garantirsi la passeggiata rituale col breviario.

I ragazzi hanno un compito da scrivere? Glielo scrivono loro. Hanno una verifica e non si sentono preparati? Li tengono a casa. Li beccano a fare forca? Li perdonano immediatamente. Portano a casa una pagella inguardabile? Danno la colpa ai professori. Intascano una nota disciplinare sul registro? Vanno a protestare a scuola. Vengono rimandati a settembre in tre materie? Li portano in vacanza. Hanno bisogno di venti euro? Gliene danno cinquanta. Non tutti certamente. Ma molti fanno così. Io credo che, nell'illusione di fare un regalo ai loro figli, provochino in loro un grave danno.

Meritocrazia è una parola di cui ci si riempie spesso la bocca: sarà per il suono fascinoso evocato dall'unione di quei due sostantivi che, sposandosi, depositano il potere nelle mani di chi ha fatto qualcosa di buono per meritarselo.

Ma il merito va a braccetto con i buoni risultati, che a

loro volta sono inscindibili dall'impegno e dalla fatica. Bisognerebbe cominciare a lavorare dalla fonte, dall'uovo. Cioè dalla famiglia e dalla scuola. Che dovrebbero sempre cum-laborare, lavorare con, lavorare insieme, remando nella medesima direzione, mai contro.

Nella pagella, una colonna di tre, quattro e cinque dice una cosa sola: il vostro figliolo ha passato quattro mesi a tenere compagnia alla classe e caldo al banco. Perché dunque, anziché inchiodargli i piedi in casa come già (mostruosamente) si fa con le anatre, anziché privarlo dell'oggettistica a cui si sente più legato (cellulare, iPod, computer, scooter) e tagliargli la paghetta, lo premiate portandolo con voi in settimana bianca? Perché gli fate pensare che la scuola sia un optional della vita quotidiana di cui ogni tanto, specialmente senza meritarselo, si può fare a meno? Perché non siete disposti a rinunciare al piacere immediato di una vacanza a vantaggio di un beneficio futuro? Perché avete tutta questa paura di far soffrire, di provocare il dolore?

Questo tipo di dolore è doveroso, senza dimenticare poi che il danno di certe scelte è doppio: oltre a dire allo studente vagabondo "continua così, che vai bene", dice anche "poveri coglioni" ai suoi compagni che restano in classe a studiare.

Marcel Proust ha scritto: "La felicità è benefica per il corpo, ma è il dolore che sviluppa i poteri della mente". Ha ragione.

I giovani hanno elevatissimo il livello della *resilienza*, parolona che non sta a indicare altro che la capacità di resistenza all'urto: urtiamoli, allora. Facciamogliela battere, qualche musata in terra. Come abbiamo già avuto modo di rilevare, esse forniscono un considerevole contributo al processo di crescita. Toccare con mano i propri limiti, essere messi davanti alle proprie responsabilità, pagare per gli errori commessi: è questa la scuola di vita che i genitori dovrebbero impartire ai loro figli, prima di mandarli a scuola con la pretesa che sia lei a fare ciò che loro (per eccesso di amore o perché educare costa tanta, tanta fatica) non hanno fatto.

Montaigne ha scritto: "Chi sradicasse la conoscenza del dolore estirperebbe anche la conoscenza del piacere e in fin dei conti annienterebbe l'uomo". Lui ha ragione più di tutti.

Bisogno d'autostima

Il danno più grave che la famiglia, la scuola e il mondo degli adulti in generale possano causare ai giovani, tuttavia, è privarli di autostima. Già gli adolescenti hanno i loro bei problemi da risolvere (sopravvivere in questa Italia culturalmente bassa e moralmente ridicola, andare d'accordo con il babbo e con la mamma, trovare e mantenersi delle valide amicizie, incassare le fregature, arrivare alla sufficienza in tutte le materie e portare avanti una guerra senza quartiere contro l'acne); se poi ci si mette anche il contorno a dar loro mazzolate tra cap'e collo, questi poverini non ne escono più.

L'essere umano, in generale, senza un livello ragionevole di stima di sé vive molto male. L'adolescente non vive proprio. Egli nuota (arrancando) nelle acque torbide della stagione esistenziale più insicura, caotica e conflittuale. Non si piace e non si accetta. Effettivamente a livello fisico è tipo un anfibio a metà sviluppo: non è più girino, ma non è ancora neanche rana. Bellissimo non è. Occasionalmente, per la rivoluzione fisiologica in corso nel suo corpo, gli puzzano anche i piedi in maniera nauseabonda. Nella testolina poi c'ha una confusione epocale: deve pianificare il suo futuro scegliendo scuola, lavoro, destino, quando in realtà non sa nemmeno dove andrà sabato sera.

Per questo spetta a noi adulti incoraggiare i ragazzi che ci troviamo davanti facendo loro dono di quelle carezze verbali che li motivano più di un voto alto o di un aumento di paghetta.

Parlo da insegnante: se una classe intera, a fine spiegazione, trasecola per la quantità di informazioni che dovrà memorizzare a casa ed esclama: «Profe, ma per chi ci ha preso? Non siamo mica all'università!», a me viene spontaneo pensare che a queste persone qualcuno abbia fatto credere di essere persone di serie B e, in quanto tali, finite in una scuola di serie B.

Invece le scuole sono di serie B solo quando chi le frequenta crede questo.

E i ragazzi non fioriscono solo quando si fa credere loro di non essere dei fiori.

Parlo per cognizione di causa ed esperienza, perché in un periodo della mia vita passata ebbi a soffrire molto per la convinzione di non essere non dico un fiore, ma nemmeno del concime da terriccio.

Dopo le medie c'era da scegliere la scuola superiore a cui iscriversi.

A voler essere più precisi, già a metà della terza media passava per le classi il fogliolino giallo delle preiscrizioni, nel quale lo studente prossimo alla licenza anticipava quella che con ogni probabilità sarebbe stata la sua scelta nell'immediato futuro.

Quando il fogliolino giallo passò dalla mia classe, stava facendo lezione l'insegnante di matematica, una tra le donne più spigolose, ruvide e irrisolte che io abbia mai incontrato in vita mia. La detestavo nella misura in cui lei palesemente detestava me: moltissimo. Fu per il solo intento di provocarle un dispiacere che barrai lo spazio accanto all'opzione "liceo classico".

«Non farmi ridere!» rise l'insolente.

L'episodio finì lì. Ma non la storia. Che riprese invece a esami conclusi, quando la commissione mi valutò con un iniquo "buono" che mi causò un'inconsolabile umiliazione da riscattare assolutamente con un'iscrizione alla scuola più difficile e allo stesso tempo più prestigiosa d'Italia: il liceo classico, appunto.

«Non contare sul mio appoggio, sulla mia firma e sui miei soldi» sentenziò il mio babbo, oltremodo deluso dal giudizio con cui mi ero congedata dagli studi medi inferiori.

Ero al campeggio estivo della parrocchia, quando mi raggiunse nero in volto come Otello, per dirmi che tra noi due era finita: con quel voto ignominioso mi ero giocata tutta la sua fiducia e lui non mi avrebbe più fatto dono del suo sostegno psicologico e monetario.

Sinceramente il prosieguo della vacanza mi andò un po' di traverso, ma l'ansia da riscatto iniziò a covarmi dentro e, nella mia testa, elaborai un piano più che raffinato, per essere un'adolescente lazzarona: mi misi d'accordo con il prete della parrocchia affinché fosse lui ad accompagnarmi alla segreteria della scuola, firmare le carte d'iscrizione e cacciare il cash per la tassa scolastica.

La mattina convenuta mi alzai presto per l'agitazione, il babbo era già uscito per andare a lavorare, ma prima di chiudersi dietro la porta aveva lasciato sopra il tavolo di cucina una lettera per me. Vi si faceva riferimento alla limitata credibilità della mia persona e alla conseguente rinuncia di espletare i suoi doveri di padre in fatto di istruzione: per quanto lo riguardava, potevo andare a fare i tacchi delle scarpe. Ora, perché, fra tutte le produzioni artigianali, il babbo individuasse proprio l'arte di far tacchi per le scarpe è un mistero tuttora rimasto privo di soluzione. Ma insomma.

Io mi preparai, passai dalla parrocchia dove il prete – privato di collare e vestito da babbo – mi attendeva e andai con lui al liceo.

Quando, la sera, il babbo fu messo a conoscenza del mio gesto risoluto e libertario, disse: «Alla prima materia che ti danno a settembre, ti tolgo da scuola e ti mando a fare i tacchi delle scarpe»

Nello sconforto della sua reazione e nel terrore della sua

minaccia, ricordo che elaborai la seguente considerazione: «Aridài, con questi fottutissimi tacchi delle scarpe» e nelle notti immediatamente successive sognai svariate volte di piantargliene uno in mezzo alla fronte riducendolo alla stregua del ciclope Polifemo.

Non fui mai rimandata a settembre in alcuna materia e frequentai i cinque anni del liceo provando un libidinoso piacere per tutte le incredibili materie che vi potei studiare. Ma il punto non è questo.

Fu una lezione dura, durissima, implacabile. Che implicitamente esprimeva un messaggio altrettanto forte. Quel messaggio diceva che, volendo, ce l'avrei potuta fare. Che, impegnandomi, il mio futuro non sarebbe stato fare i tacchi delle scarpe ma camminare su quei tacchi lungo una strada che sentivo mia. Quel messaggio diceva che ogni ragazzo va alimentato a pane, fiducia, autostima e (quando ci vuole) anche prese di posizione impopolari. Questo è il punto.

Del genitore che si oppone al taglio del cordone

Se ho a che fare coi ragazzini del biennio, quattordici, quindici anni, comincio piano piano a buttare qualche seme.

Se invece mi danno le classi del triennio superiore, specialmente le quinte, ci vado a nozze e li bombardo più che posso.

Il tema mi sta particolarmente a cuore e me lo vivo come una specie di missione sociale che li salvi da una tra le etichette più infamanti che i nostri simpaticissimi politici si permettono di attribuire ai giovani di oggi.

Parlo dell'uscita dalla famiglia, dalla casa d'origine. Parlo del taglio del cordone.

Anziché stare lì a fargli tanti predicozzi, però, racconto loro la mia storia.

Finché vissi in famiglia coi miei, andò tutto liscio.

Ero una figlioluccia tutto sommato tranquilla e gradevole da avere in giro per casa: fatta eccezione per il triennio medio inferiore, periodo in cui m'intestardii sull'idea di mutare radicalmente le sorti del mondo, salvando tutti i bambini dallo sfruttamento minorile, sfamando e dissetando tutti i bisognosi e liberando i prigionieri politici dell'intero pianeta, per il resto fui – come si dice – abbastanza inquadrata.

Al liceo studiai le declinazioni, memorizzai le eccezioni, familiarizzai con la filosofia e lessi molti libri. All'università rimasi in pari con gli esami, presi sempre voti alti e dalla discussione della tesi finale tornai a casa con la lode e i sorrisoni della commissione.

Apparivo piuttosto remissiva: mi piegavo alle regole familiari come un giunco fresco e flessibile, rispettavo l'orario del rientro, non bevevo, non fumavo, coltivavo un amore e praticavo un sesso che con la mente lucida di oggi definirei moderati e assolutamente monogami.

I miei genitori potevano dirsi soddisfatti di me.

Parallelamente alla mia crescita anagrafica e stando a certe mie sempre più frequenti manifestazioni di intolleranza alle restrizioni, tuttavia, essi iniziarono a sospettare che la mia apparente remissività nascondesse potenzialità fortemente volitive e che io, avvertiti un languore d'indipendenza e un rigurgito di autonomia, oltre che una sfacciata esigenza di realizzazione personale, potessi essere capace di rigirare la mia vita al pari di un calzino e levarmi dai tre passi nel giro di un giorno soltanto.

Era esattamente così.

Sulla "Pulce", il giornale di annunci più diffuso in città, lessi di una camera singola in casa colonica data in affitto a 350 mila lire al mese. Il riscaldamento era autonomo, la fermata dell'autobus era di fronte: telefonai.

Mi rispose una voce maschile: era Massimiliano, inquilino della casa insieme a Massimo e Alessio. Mosso dall'innata onestà che nel tempo a venire avrebbe fatto di lui uno dei miei amici più cari, egli fece di tutto per scoraggiarmi: mi confidò che il termosingolo era una stufa a legna Argo disagevole e puzzolente e che l'autobus si fermava solo dopo aver strombazzato in modo sguaiato passando sotto le finestre della camera, mi avvertì che vivere in compagnia di tre giovani uomini non sarebbe stata una passeggiata per una borghese come me, mi fece notare che la situazione in quella casa poteva dirsi spartana solo usando un eufemismo, che d'inverno si schiantava di freddo, che d'estate si ribolliva di caldo, che ogni inquilino si portava appresso come minimo un animale domestico, il quale a sua volta si portava appresso un carico di pulci.

Fissai un appuntamento per il giorno dopo.

«Sì sì, come no...» mormoravano i miei nel tentativo di convincere prima di tutto se stessi che le mie non sarebbero state altro che chiacchiere e distintivo.

La settimana dopo mi trasferii.

Il trasloco fu agevolato dal taglio radicale che il babbo e la mamma operarono sui miei possedimenti materiali, ridottisi improvvisamente a qualche scatola di libri e a una valigina di vestiti: tutto il resto in casa loro era e in casa loro sarebbe rimasto. Volevo andarmene? Volevo abbandonare il nido? Volevo tradire i venticinque anni di generosa convivenza di cui essi mi avevano fatto dono? Volevo ripagarli in quel modo vergognoso di tutti i sacrifici fatti per la mia crescita e la mia educazione? Che mi accomodassi pure. E già che c'ero, che mi portassi via pure il peloso Nello.

Condividere la propria rivoluzione esistenziale con un cane è l'esperienza che ogni giovane dovrebbe provare. Con un cane accanto niente fa più paura, niente disorienta più; al contrario, si sviluppa in corpo un'energia insospettata e il futuro non può altro che sorridere.

Vedendomi sorridere in continuazione benché nullatenente e povera in canna, il babbo e la mamma compresero che l'arma della privazione e del ricatto materiale con me non funzionava. Passarono così al piagnisteo e al ricatto psicologico.

«Torna, torna a casa. Se non torni, la mamma muore: vuoi far morire la mamma?» uggiolava il babbo telefonandomi ogni sera.

No, non volevo far morire la mamma. Volevo solo far vivere me stessa.

Avevo venticinque anni, era la mia ora, il richiamo biologico della libertà si era fatto più imponente di qualsiasi altro bisogno, l'istinto di indipendenza era più forte dell'amore per i miei cari, del legame con mio fratello, della catena delle abitudini, della dipendenza dal benessere e dall'agio. Di possedere non me ne importava un fico secco. Tutto quello che volevo era esistere e cominciare a crescere da sola.

Nei primi sei mesi dopo il mio trasloco, la mamma dimagrì undici chili dalla disperazione.

Li riprese tutti (e ve ne aggiunse altri tre) quando come suo marito si rese conto che la mia scelta era stata giusta, che il loro compito era finito e che, ostinandosi in quel comportamento, avrebbe solo dato ragione a Kafka, autore del seguente, feroce aforisma: "I genitori che si aspettano riconoscenza dai figli sono come quegli usurai che rischiano volentieri il capitale per incassare gli interessi".

Del genitore che riflette

Piano a tirare un respiro di sollievo.

"Riflette" qui va inteso non come "pensa", "pondera", "considera", "valuta attentamente". Non come attività mentale, ma come atto squisitamente materiale: "riflette" come "rispecchia", "riproduce", "rinvia". Come una luce, o un suono, rispediti al luogo da cui si sono mossi.

In questo senso, di genitori che riflettono è piena la società. Purtroppo, mi viene da aggiungere. Perché ciò che essi riflettono tanto abilmente è il grado di malessere da cui la società è colpita.

Eppure, a guardarla da fuori e soprattutto a confrontarla con quella di un passato anche recente, essa appare come la più evoluta, agiata, benestante e realizzata. Non ci sono guerre (almeno non nell'orto di casa nostra), non siamo alla fame (sebbene presto potremmo tornarci), siamo circondati da beni di lusso che ci concediamo anche quando non è del tutto certo che possiamo permetterceli: poche, pochissime le famiglie in cui si conta un'auto solamente, pochi, pochissimi gli individui che vivono senza televisione e il resto del corredo elettrico ed elettronico, assolutamente nulli i giovani privi di cellulare, rari i nuclei familiari che non si concedono periodiche vacanze, sempre meno numerose le persone sprovviste di guardaroba griffato. Per garantirci la conservazione di un tale livello di esistenza, lavoriamo come ciuchi e corriamo come levrieri. La nostra vita è una corsa forsennata dal momento in cui la maledetta sveglia ci strappa al sonno e ci nega il diritto umano al risveglio biologico fino al momento in cui crolliamo sulla medesima casella, quella d'inizio. Pedine di un interminabile gioco dell'oca, nel corso delle ventiquattro ore un bombardamento costante e insistente di manovrate sollecitazioni ci convince che tutto ciò che abbiamo è ancora troppo poco, che si può avere di più, quindi si deve. E se per averlo sarà necessario potenziare la corsa, la potenzieremo.

Naturalmente, quando si parla di avere di più, s'intende più cose. Più "roba", per usare una parola cara non solo a Giovanni Verga. Di quello che "roba" non è, diciamoci la verità, c'importa poco.

C'è un pianeta che strabocca di rifiuti, che annega nel sudicio, soffoca di un calore innaturale che abbiamo causato noi a suon di frigoriferi, tubi di scappamento, spray e ciminiere. Vabe', ma noi c'abbiamo da mangiare, da conservare i cibi, da viaggiare, da produrre: non c'abbiamo mica tempo per stare a pensare anche al pianeta.

C'è una qualità nei rapporti umani che non è mai stata tanto bassa e volgare, e c'è un'indifferenza nei confronti dei bisogni altrui che inorridirebbe un ruvido bestione neanderthaliano. Ho capito, ma noi andiamo di fretta, abbiamo mille questioni da affrontare, mille urgenze personali a cui dare soluzione: mi spiace, non trovo uno scampolo di tempo per passare del tempo con te, anche una telefonata mi starebbe stretta. Se trovo un minuto ti scrivo una mail.

E in tutto questo quadretto aberrante c'è un vuoto d'affetti, e c'è una crisi d'identità, e c'è una mancanza di certezze, e c'è un buio di prospettive future che stordisce, quando si trova un attimo per pensarci: vabe', ma io faccio un figlio, me lo metto accanto, lo pongo allo stesso mio livello, lo tratto da adulto così ci parlo di tutto e non mi sento più sola, me lo porto appresso anche nei luoghi che non si addicono a lui, lo spedisco a scuola e mi aspetto che realizzi tutti i miei sogni irrealizzati, lo iscrivo a mille attività e aspetto che primeggi in tutte, lo faccio correre di fianco a me, ai miei ritmi, alla mia velocità, e se non tiene il passo vado a bussare alla porta della maestra, del professore, dello psicologo, del neuropsichiatra, perché evidentemente è difettato, si sta per rompere, va messo subito a posto, e loro devono aiutarmi.

L'immagine suona apocalittica, ne convengo.

Per questo convengo anche con Franco Battiato quando canta quella frase semplice, quella frase sola, breve, scarnificata. Rivoluzionaria.

"Ci vuole un'altra vita."

Perché non studi?

A sentire i genitori, venire al ricevimento di noi professori è una specie d'incubo.

Un po' li capisco anche.

Pare che comincino il giorno prima, a rimuginarci. Ce li vedo, alle prese con una vigilia d'ansia e preoccupazione sia per l'esito del colloquio, sia per le aspettative che essi nutrono, anche quando non vorrebbero, nei confronti dell'andamento scolastico del figlio.

Per non parlare di tutto quel gioco d'incastri orari in cui si sono dovuti districare per organizzarsi tra il lavoro e l'ora di ricevimento mattutino, diversa per ogni docente.

Se, nonostante il traffico e il parcheggio che quando serve non si trova mai, arrivano in orario, sembrerà loro di aver già fatto molto. In realtà non sono neanche a metà dell'opera.

Varcato il portone d'ingresso, è di natura psicologica il trappolone che li aspetta, viscido e sonnacchioso. Credevano di aver rimosso tutto, di aver digerito, superato, elaborato quel fastidio che, come un prurito insistente, li tormentò negli anni della scuola?

Sì, credevano. Ma non era altro che illusione.

Eccolo qua, il fastidio, eccolo qua, il prurito odioso. Il disagio di quest'atrio che è sempre troppo grande, di questi corridoi di cui non s'indovina mai la fine né la destinazione.

Svolteranno a sinistra o a destra? E l'aula di mio figlio, sarà su questo piano o in quello di sopra?

Se vengono di pomeriggio, hanno da fare i conti con le file, con i malumori e le liti per la precedenza. Se vengono di mattina, avvertono a pelle la fretta con cui si è costretti a procedere, perché l'ora è una, sta incastrata in mezzo alle lezioni, alle classi da raggiungere immediatamente dopo il suono della campanella sennò addio, e loro invece, i genitori, sono sempre tanti. Se incappano in un collega sgraziato, vengono ricevuti in piedi e vabe', meglio che niente.

Alla fine della chiacchierata, se le notizie che hanno avuto sono buone, se ne torneranno a casa belli sollevati e cammineranno scattanti, veloci, come se l'orgoglio fosse dietro a spingerli.

Ma se il quadro emerso è negativo, all'apprensione e all'angoscia del prima si sommeranno la rabbia e il senso d'impotenza del poi.

A volte assisto a vere e proprie scene mute, con genitori incapaci di spiccicare una sola parola.

Altre volte mi ritrovo davanti genitori logorroici che nemmeno il suono della campanella riesce ad annientare.

In ogni caso, cerco sempre di esortare il genitore alla domanda: perché il figlio non studia?

In genere è allora che mi si apre un mondo.

Un mondo di risposte a cui ero arrivata solo in parte, osservando più a fondo che potevo gli adolescenti che ho davanti ogni mattina.

Reali, gravi, immaginari, talvolta addirittura poetici sono i motivi per cui un ragazzo non traduce in atto l'unico verbo che gli viene imposto alla sua età: non si studia perché in famiglia non si è sottoposti ad alcun controllo, non si studia perché gli allenamenti di calcio, basket, karate, pallavolo, nuoto, atletica, hockey sul ghiaccio, joga e bioenergetica ci impegnano per troppe ore, non si studia perché fuori c'è il sole, gli amici, il motorino, in casa la televisione, la playstation, la Nutella. Non si studia perché il babbo se n'è andato via di casa e io lo odio, perché la mamma non mi capisce e io mi ribello, il professore ce l'ha con me e quindi cosa studio a fare, l'amico mi ha tradito e io ci soffro, mi sono innamorato e sai chemmenefregammé delle interrogazioni e dei compiti in classe.

Di tutto questo si parla con i genitori, guardandosi negli occhi e cercando di trovare la diritta via da indicare ai loro figli, ai nostri studenti.

Che la mattina dopo, sapute tutte queste cose su di loro, non ci sembrano più i soliti studenti, ma molto, molto di più.

Parte seconda

DIMMI CHI SEI
(E TI DIRO' CHE GENITORI HAI)

L'insicuro

Per identificare l'insicuro, basterà chiamarlo.

«Eh?! Chi, io?!» sarà la sua risposta.

L'insicuro spera sempre che tu non ti rivolga a lui.

Per nessun motivo. Nemmeno per domandargli come si sente, se ha dormito bene, se a casa è tutto a posto.

La sua insicurezza è tale che egli nutre dubbi consistenti anche sul proprio nome.

«Filippomaria!»

«Eh?! Chi, io?!»

Vedrai, non ci sei che te in tutta la scuola, con un nome tanto inusitato.

E infatti dev'essere anche per questo, che il poverino spera sempre di non essere interpellato: l'origine della sua abissale, incurabile insicurezza è prima di tutto riconducibile a motivazioni squisitamente onomastiche. Furono i suoi genitori a intestardirsi e a pretendere per lo sfortunato primogenito un nome originale che lo distinguesse dalla folla, che lo salvasse dall'uniforme e informe magma degli Andrea e dei Matteo. Individuando per lui un nome atipico, ne fecero un frustrato.

L'insicuro mette in dubbio anche la propria biologica necessità di respirare.

In lui *dubitare* assume la medesima valenza del *cogitare* cartesiano. Per cui, dubitando, innegabilmente *è*.

Ma è (appunto) dubbioso, insicuro, di se stesso, dei suoi stessi pensieri, delle proprie conoscenze.

Essendo la scuola il regno dell'accertamento delle conoscenze acquisite, essa diventa per costui un inferno.

«Filippomaria!»

«Eh?! Chi, io?!»

«In che anno è nato Manzoni?»

«Mmmm... mmmille...»

«Sì...»

«... llesettecen...»

«Sì...»

«... ttecentott... no...»

«Sì, dài che vai bene, forza!»

«... ottantac... i... n...»

«Dài! Forza! Vai sicuro, dài!»

«Millesettecentottantacinque?»

Anche fornendo una risposta (perlopiù giusta), l'insicuro in verità domanda.

Egli ha bisogno del consenso, di uno che mentre lo ascolta muova sempre dall'alto in basso e dal basso in alto la testa come a dire sìsì, ha una necessità viscerale di essere rassicurato, affinché possa convincersi che ciò che sta per dire non comporterà conseguenze disastrose per la sua sopravvivenza.

Per lui l'esistenza è un cruciverba bianco da riempire, con l'aggravante che mancano le definizioni per l'orizzontale e il verticale, è un rebus fatto solo di immagini dove manca l'ausilio di qualsiasi parola, della minima lettera. È quel giochino scemo della settimana enigmistica che chiede di unire i numerini perché il disegno sia completo, ma senza i numerini: così, alla cieca.

All'insicuro mancano certezze su questioni in cui la risposta a chiunque apparirebbe scontata.

«Hai fatto le frasi di inglese?»

«Eh?! Chi, io?!»

«Hai studiato matematica?»

«Eh?! Chi, io?!»

«Vieni in gita?»
«Eh?! Chi, io?!»
Poi, una mattina, al ricevimento individuale dei genitori, si materializza al tuo cospetto lei.
La madre dell'insicuro.
Ha un'agitazione in corpo del tipo peggiore: trasferibile. Infatti dopo cinque minuti che conversi insieme a lei, ti agiti anche tu.
Ha l'ansia da prestazione e, per celarla, parla incessantemente.
È venuta a parlare con te per sapere, per avere notizie su suo figlio, per conoscere il suo andamento a scuola. Ma non si zittisce un istante.
Ti parla insieme, ti parla sopra, probabilmente ti parlerà anche dietro una volta uscita dall'aula del ricevimento, ma non per cattiveria: per insicurezza.
Prima che tu le dica che Filippomaria ti sembra un filino insicuro, s'impadronisce della parola e afferma: «Mio figlio è molto insicuro».
Detto questo, si affretta a confidarti tutti gli sforzi spesi da lei e da suo marito al fine di combattere quella insicurezza, nemica giurata di una vita di successo.
Capisci così che quel disgraziato adolescente, come si muove, viene giudicato (male) e (quindi) corretto. Nessuno in casa si limita ad osservarlo, libero nella sua autonomia di pensiero, scelta e movimento. Tutti intendono pilotarlo. Aggiustare la mira prima ancora ch'egli spari. Per accorciare i tempi e non correre rischi inutili, sparare al posto suo.
La madre è il paradigma a cui costui deve ispirarsi. In altre casistiche, a fare da modello è il padre. Nei casi più sfigati, entrambi, belli uniti, coesi, solidali, determinatissimi a fare di quel ragazzo il loro ragazzo, cibo futuro per lo psicologo che lo prenderà in cura e, accogliendolo nel suo studio, lo inviterà a sedersi su quella poltrona, ecco, prego Filippomaria, accomodati qua.
«Eh?! Chi, io?!»

L'emotivo

E dire che quel giorno non era in programma neanche l'interrogazione. Al contrario, doveva essere una tranquilla mattinata di spiegazione, ripasso e approfondimento. Una di quelle belle lezioni ariose e rilassate grazie alle quali rafforzare saperi già acquisiti ma non completamente metabolizzati, "la politica di Depretis fu detta del trasformismo perché", "la parlamentarizzazione dei conflitti sociali nell'età giolittiana comportò", "il biennio rosso fu", "la marcia su Roma in verità".

«Ma oggi interroga?»

L'avevo detto subito che quel giorno, no, non avrei interrogato, l'avevo detto appena entrata in classe, che avrei dedicato le due ore un po' alla storia e un po' alla letteratura, che andava rivisto Carducci mentre traversa la Maremma toscana, Pascoli mentre s'accalora per la conquista della Libia, e speriamo che rimanga tempo anche per D'Annunzio quando invade Fiume nel nome della vittoria mutilata urlando *eja eja eja alalà*.

Ma l'emotivo, braccato da un mostro di nome emozione ventiquattr'ore al dì, non si fida neanche un po'.

«S-s-sicura sicura c-c-che non interroga?»

L'emotivo, averlo in classe, è un debito. Una palla clamorosa. Una sòla che non ti sto a dire. Potresti passare settimane a lavorare su di lui con trasfusioni di fiducia, autostima e self-control: non servirà e i risultati saranno nulli.

Quando l'ansia lo assale te ne accorgi perché egli la manifesta "attaccando" la lingua. Diventa cioè improvvisamente balbuziente. Oltre, chiaramente, a tutte le altre menate tipo la sudorazione incontrollabile delle mani, la secchezza delle fauci e un tic inedito all'occhio destro. Oltre a tartagliare, rallentando di parecchio il naturale scorrimento sintattico della proposizione, come tutti i balbuzienti accelera abusivamente su alcune parole, fondendole insieme e creando neologismi che l'avanguardia del paroliberismo futurista avrebbe trovato interessanti.

«Stai tranquillo Matteo, cerca di rilassarti: ho detto che non interrogo.»

«S-s-sì, p-p-però anche un'altra volta aveva detto o-o-oggi vadoavanti e poi invece n-n-ne aveva interrogatitré.»

«Vabe', che c'entra.»

Sì, un corno, che c'entra. All'emotivo, che s'interroga, gli va detto con l'anticipo di una settimana, così lui ha modo di prepararsi. No, non l'interrogazione. Lo stato d'animo. Perché lui c'ha da andare a recuperare l'ombra di coraggio che puntualmente lo abbandona nei momenti chiave. C'ha da meditare. Da fare i respironi. Da puntarsi le dita sulle tempie e premere forte. Gliel'ha detto quella che sta di banco dietro a lui, la Ceccherini, che ha la madre appassionata di tecniche subliminali e kinesilogia ipnotica: «Bertocci, indice medio e anulare sulla tempia e spingi più che puoi». Al che quello che sta di banco accanto al Bertocci ha replicato: «O Ceccherini ma che sei scema?! Questo qua, ansioso com'è, spinge troppo e s'ammazza da solo». Fatto sta che ora il Bertocci, quando applica la pratica su se stesso, più che spingere, accarezza. E così finisce solo per strusciare via la canocchia gialla ai brufoli presenti nella zona epidermica limitrofa.

«Insomma n-no-on interroga.»

«No, Matteo, non interrogo. Al massimo, guarda, qualche domandina qua e là.»

Chissà cosa si scatenò dentro la testa del Bertocci quella mattina, dopo che ebbi pronunciato la seconda parte di questa frase: *al massimo... qualche domandina qua e là*. Più che altro, chissà cosa si scatenò dentro il suo intestino.

Lo vedemmo prima impallidire, quindi farsi livido, infine ceruleo. Indirizzò lo sguardo nel vuoto, schiuse con levità la bocca e, per un istante che solo pochi eletti ebbero la lieta sorte di notare, permise alla lingua rosata di affacciarsi dal cavo orale, attardandosi (ma impercettibilmente) nell'espressione dello stupore, altrimenti detta "a pappafico". Lo osservammo oscillare placido il testone come nell'estasi di un'apparizione mistica, strizzare le palpebre e riaprirle in fretta come di chi pensa "sogno o son desto?!", sturarsi il condotto auditivo prima destro poi sinistro come di chi si domanda "ho sentito bene o ho avuto un'allucinazione acustica?!", guardarsi una mano chiusa a pugno da cui snocciolava un dito alla volta partendo dal pollice come di chi conta qualcosa che non è chiaro neanche a lui. Infine lo guardammo mentre sollevava a fatica un braccio, che in quella scena aveva l'aria di essere incredibilmente pesante. Alla fine del braccio, una manina delicata e bianca, aperta solo a metà, lasciava intravedere più distintamente il dito di chi chiede la parola.

«Dimmi, Matteo.»

«Professoressa, posso u-u-uscire?»

«Non posso mandarti, lo sai che alla prima ora non si esce, e poi adesso inizio a spiegare, quindi tira fuori il quaderno degli appunti e stai pronto a scrivere.»

Avrebbe potuto dirlo, no? Avrebbe potuto insistere. Avrebbe potuto spiegare. Mica così, in modo diretto e sfacciato. Mica in modo esplicito. Una perifrasi sarebbe stata più che sufficiente. Un eufemismo sarebbe stato perfetto. Ho un fastidio imbarazzante, mi sento indisposto, avverto un'urgenza, provo una sensazione improcrastinabile, sono vittima di corpose pressioni. E comunque, prima di assistere a quello che di lì a poco sarebbe avvenuto, avremmo accettato anche qualcosa di meno circumlocutorio, chessò: se non corro a farla scoppio, e badate che non è di roba liquida che sto parlando.

Dalla bocca dell'emotivo invece non uscì verbo. E quando la mimica facciale parlò al posto suo, era troppo tardi.

A portargli maglietta e pantaloni di ricambio giunsero suo padre e sua madre, insieme, il respiro affannato, lo sguardo vacuo e smarrito, le mani tremanti e insicure, i piedi alla continua ricerca di terra da pestare, l'ansia distribuita equamente su ciascuna parte del corpo.

L'emotività (c'è bisogno di dirlo?) perfettamente conforme, sebbene in quell'occasione non materializzata, a quella del frutto del loro seno.

L'impudica

Quando quindici anni ce li avevo io, i jeans andavano stretti in fondo, ma talmente stretti che le frange adolescenti più estremiste ricorrevano all'inserimento di strategiche cerniere a consentire il passaggio del tallone.

Perché l'impatto fosse ancora più rivoltante, inserivamo triangoli di stoffa stampata a stelle e strisce americane, con varianti ispirate alla britannica *Union Jack* o al tricolore giamaicano. La circonferenza dei calzoni, con quelle aggiunte che si raggrinzivano strizzate da pacchiani cinturoni, andava a superare di gran lunga quella reale del nostro punto vita, con risultati agghiaccianti che facevano di noi un esercito di nani a culo basso e piedi lunghi.

Eravamo parecchio brutti.

Almeno però ci coprivamo.

Ora la prassi dilagante impone ai miei studenti l'adozione di jeans stretti non solo alla caviglia, ma anche al polpaccio, alla gamba e alla coscia intera, col raggiungimento di un effetto salamato e/o salsicciato che non può lasciare indifferente nessun osservatore. In più, affinché l'estetica non ne risenta troppo positivamente e i concetti di comodità, agio e confort siano del tutto banditi dalla vita quotidiana, la moda affianca a questa intuibile tortura anche il diktat della vita bassa. Talmente bassa che anche l'osservatore più distratto non potrà evitare di cogliere parti anatomiche in altri tempi accuratamente occultate.

Ogni mattina vengo accolta da una quarantina di sorrisi per ciascuna classe in cui mi reco: di questi, venti sono orizzontali e fioriscono su volti acerbi e assonnati. Gli altri venti stanno in verticale e hanno origine assai più bassa e posteriore. Così – cade una penna, scivola un foglio, ci si piega verso il cestino per buttare l'incarto della merenda – è tutto uno sbocciare di non richiesti e lunghi sorrisi (alcuni burrosi e cellulitici, altri affusolati e spigolosi, altri ancora bassi e perimetralmente pelosi), che un po' m'imbarazzano, un po' m'innervosiscono, e un po' m'inducono a domandarmi dove siano (o dove guardino) le mamme di questi ragazzi la mattina.

Solo la mia era sveglia come un grillo e vigile come un vigile alle sette in punto? Solo la mia mi scannerizzava prima che varcassi l'uscio? Solo la mia coglieva invisibili particolari (la gonna arricciata in vita affinché si accorciasse in fondo, per dire solo una delle mie furberie) volti a far di me una piccola, sensuale, porchissima Lolita di provincia?

Il mio insegnante di Storia e Filosofia del liceo, con esplicito disgusto ed evidente intento di espormi alla pubblica berlina, ebbe a nomarmi "tipa da spiaggia" solo perché osavo presentarmi in classe con una maglietta bianca, castissima seppur smanicata e comunque giustificabile con l'afa opprimente d'inizio estate. Nulla s'intravedeva, dalla trama del tessuto.

Oggi tutto si palesa, oltre i confini della stoffa. Probabilmente perché si sono ridotti anche i confini del pudore.

A darmene conferma, giunge mensilmente l'appuntamento con il ciclo mestruale delle mie ragazze.

«Profe! Ehm! Posso uscire?» berciano sventolando in aria un pacchettino quadrato e schiacciato, che nasconde l'assorbente da sostituire e da cui prontamente intuisco il livello del flusso che stanno perdendo dal rubinetto vaginale: rosa pallido = flusso iniziale quindi modesto, verdolino mela = flusso consistente ma non ancora abbondante, lilla tenue = flusso intenso ma tutto sommato arginabile, viola = flusso torrentizio e vagamente materico, blu scuro = flusso notturno detto anche da vitello sgozzato.

Sono io l'obsoleta che arrossisce se dalla borsetta mi fa capolino il salvaslip o sono loro delle sfacciate indecorose a cui nessuna madre ha insegnato ad aver cura e rispetto della propria femminilità?

Mai avrei pensato di scrivere, un giorno, un capitoletto bacchettone per la tutela della mia sensibilità sentendomi però contemporaneamente un'acida zitella d'altri tempi. Non mi manca che chiosare con un classico dello scandalo (*O tempora, o mores!*) e sono a posto.

Il bullo

In un tempo che ormai mi sembra passato remoto, sulla mia strada m'imbattei in un bullo.

Che lo fosse, lo sostenevano tutti coloro che avevano avuto modo di conoscerlo prima che lo conoscessi io. Le sue maestre delle elementari, per cominciare, che dipinsero di lui un quadretto così apocalittico e disfattista da demotivare qualunque insegnante successivo dal tentare col ragazzo una battaglia pedagogica salvifica e in qualche modo produttiva. I suoi professori delle medie, per continuare, che lo licenziarono con un giudizio da tribunale inquisitorio e previdero per lui un futuro inesorabilmente autodistruttivo. I genitori dei suoi vari compagni di classe, per proseguire, che sollecitavano i figli a stargli alla larga e i professori a stare all'erta. L'opinione pubblica dell'immediato quartiere, infine, che è come la Fama di cui ci parlò Virgilio, cioè un mostro alato gigantesco e spietato, capace di spostarsi con grande velocità, coperto di piume sotto le quali si aprono tantissimi occhi per vedere e che, per ascoltare, usa un numero iperbolico di orecchie e diffonde le voci facendo risuonare infinite bocche nelle quali si agitano altrettante lingue.

Come tutte le dicerie che nascono, si diffondono, acquistano credibilità, non fanno distinzione tra vero e falso, amplificano e distorcono a piacimento i fatti, così la Fama relativa al bullo si nutriva di se stessa, cibandosi degli aneddoti più adatti a consolidare quella stessa reputazione che intendeva rovinare.

Il bullo era un insolente, un maleducato, un tracotante. Rispondeva male, non sopportava le regole, le imposizioni, gli ordini e i divieti. Era intollerante alla calma e alla riflessione. Mostrava antipatia per le creature umane mansuete, che infastidiva, molestava, danneggiava, vessava. Infieriva sugli oggetti, sulle cose. Era un violento. E infatti era stato lui ad allagare il bagno dei maschi della scuola, a scheggiare un angolo di ardesia per sottrarlo alla lavagna e usarlo per squartare le ruote ai motorini del parcheggio, a scrivere sui muri *andataffanculotuttiquanti*, a giocare a filetto sopra i banchi, a fare un collage di caccole e sputacchi al portone d'ingresso e a mettere Gesù Cristo a testa in giù.

Ed era sempre lui a perseguitare le ragazze all'intervallo sbriciolando loro sulla testa pane e mortadella, a ruttare in faccia a chi osasse incrociare gli occhi con i suoi, a scuotere con rapidità feroce il braccio se un docente glielo afferrava per fermarlo.

Col bullo nessuna arma era abbastanza potente.

Scheggia impazzita nell'imprevedibilità delle sue azioni.

Caso irrisolvibile perché incomprensibile.

Sarebbe bastato prestare orecchio, anziché alla Fama dalle ali *late*, prima a sua madre, quando venne a un ricevimento, poi a suo padre, che si presentò in un giorno diverso rispetto a lei.

I due si erano separati da diversi anni. Lui se n'era andato di casa, dietro la sottana di una ragazza laureata di fresco con la quale ora viveva. Alla madre era rimasta la casa e tanta confusione in testa, gradualmente amplificata anche da quella prodotta da una bottiglia chiara che pareva d'acqua, ma che d'acqua non era.

Il bullo ora abitava un po' di qua, un po' di là. Si ritrovava ad avere due case, eppure gli sembrava di non averne più nemmeno una. Sua madre dopo qualche tempo si era accompagnata a un nuovo uomo, che ora viveva insieme a lei. La nuova casa del padre era piccola e occupata dalla nuova compagna, ingombrante di scarpe, abiti e chili in esubero. Una stanza esclusiva per lui non c'era verso di trovarla.

Il suo malessere da sordo e sotterraneo si era fatto sempre più vociante e palese. Sua madre non aveva orecchi per sentirlo. Suo padre lo metteva a tacere a suon di calci.

Questo raccontarono, l'una dell'altro, presentandosi al mio cospetto in separata sede.

Quando se ne furono andati entrambi, il quadro della situazione era completo: quello che il microcosmo scolastico bollava come bullo era un ragazzo che chiedeva occhi, attenzione, un po' di spazio, un ruolo. Chiedeva voce per innalzare i suoi giramenti e, siccome non l'aveva, aveva preso a comunicare con le mani allungando cazzotti, con i piedi piazzando calcioni, con gli oggetti preferibilmente contundenti. Reclamava il riconoscimento del suo essere venuto al mondo, la presa di coscienza e di responsabilità da parte di chi ce l'aveva messo, pretendeva di essere guardato e considerato, riconosciuto e toccato nella sua fisicità con un buffetto sulla guancia, una spettinata di capelli, un abbraccio anche accennato.

Solo quando tutto mi fu chiaro, la Fama smise di volare almeno in quella fetta di cielo posta sopra la mia testa, e il bullo divenne per me uno studente da ascoltare e amare più degli altri.

L'insolente

Che era insolente me ne accorsi, grazie al supporto della fisiognomica, non appena ebbi varcato l'uscio dell'aula: una capocciata di capelli riccioluti a corona di un viso puntuto e spigoloso, le labbra fini, il naso adunco, l'occhio scaltro, il corpo esile e dinamico da nevrastenico, qual era.

Affinché lo notassi e prendessi coscienza della sua presenza sulla terra in generale e in quella scuola in particolare, era disposto a giocare tutte le sue carte. Compresa quella dell'approccio seccante. Notandolo all'istante, finsi d'ignorarlo. E poiché spregio peggiore non può essere inflitto all'insolente, egli rincarò la dose. Parlava a sproposito, interveniva in continuazione, a voce alta, in modo insistente e sgraziato.

«Ti chiami?...»

«Biagini.»

«Ecco, Biagini, per favore: bisognerebbe che ti mettessi un poco zitto e ti dessi una calmata.»

«Perché?»

L'insolente non riceve mai un ordine senza farlo seguire da un quesito che l'affianchi. Egli pretende sempre di conoscere il motivo per il quale l'ordine gli viene impartito. In verità del motivo se ne infischia: lo fa solo per disturbare e, in questo modo, imporsi.

Il rituale potrebbe andare avanti per giorni, per settimane. E infatti, va. È un gioco di forza, nel quale egli testa la mia capacità di sopportazione e contemporaneamente esercita, potenzia e affina la delicata arte di rompere i coglioni in cui, pur sì giovane, è già esperto.

Finché arriva un giorno. *Quel* giorno. Quello del vaso che trabocca, quello della misura che si colma, quello dell'*alea* che *iacta est*. Il giorno della guerra frontale, sola igiene del mondo (almeno di quello occupato dalla diade docente-insolente).

«Per oggi era prevista la consegna della ricerca di storia sulla peste del Trecento, vero ragazzi?»

«Profe, io la ricerca l'ho fatta, però non l'ho stampata perché non avevo più cartuccia.»

«Biagini, è un problema tuo: io mi limito a constatare che oggi non consegni niente e a valutarti conseguentemente con un due.»

«Profe! Lei non può darmi due!»

«Ti sbagli, Biagini: posso.»

«Profe, non ci crede che ho fatto la ricerca?! Glielo giuro! Ho finito l'inchiostro della stampante!»

«Ci sono dei casi in cui neanche un giuramento aiuta. Questo, Biagini, è uno di quei casi. Sono spiacente.»

«Non ci crede?! Ora chiamo la mia mamma e se lo fa dire da lei!»

Chiaro che l'insolente (in quanto tale) non si limita al verbo, ma passa all'azione: estrae dalla tasca del jeans il suo cellulare (ovviamente acceso nonostante un divieto ministeriale firmato Giuseppe Fioroni), digita il numero della genitrice e, sordo alle mie rimostranze ormai surriscaldate, lascia tubare l'attrezzo restando disinvolto in attesa di risposta.

Ricapitolando, in un colpo solo, costui: *a)* non ha rispettato le consegne; *b)* ha risposto sfrontato all'insegnante contrariata; *c)* ha tenuto il cellulare acceso entro le scolastiche pareti; *d)* ha fatto uso sfacciato di suddetto cellulare nonostante l'ingiunzione a non farlo; *e)* ha interloquito comodamente con la madre («Mamma, quella di Storia non crede che ho finito l'inchiostro della stampante: diglielo te!») la quale non ha pensato di porre una più che giustificata domanda («Cosa diavolo fai col cellulare acceso a scuola?!»).

Difficile, in casi come questo, riuscire a mantenere un atteggiamento compassato.

Non riuscendoci, mi abbandono a un urlo cacofonico all'interno del quale sono comunque udibili le cinque parole di una frase di tipo vocativo: «Biagini, ti porto dal preside!».

Ammetto che, pur conscia dell'insolente natura del mio interlocutore, non m'aspetto la risposta che invece mi giunge puntualissima: «No, professoressa: sono *io* che porto dal preside *lei*».

Per molto tempo mi sono chiesta che cosa abbia fatto credere a Roberto Biagini di potersi spingere tanto oltre.

La risposta è giunta una mattina di giugno, a una manciata di giorni dalla fine della scuola, quando nell'atrio centrale dell'istituto l'ho visto parlare animatamente con una donna, magra e spigolosa come lui. Passando loro accanto, ho colto frammenti di conversazione («Mamma, che cazzo ci fai qui?!», «Sarei venuta a parlare con i professori...», «Levati subito dai piedi!», per precisione cronachistica), ho dedotto l'identità della signora (che non si era mai presentata al mio cospetto) ed elaborato diffuse considerazioni, grazie alle quali tutte le mie domande sull'insolenza dell'insolente hanno trovato immediata risposta.

Immagino che a questo punto il lettore desideri conoscere l'epilogo dell'episodio narrato sopra.

Roberto Biagini fu spinto fuori dalla classe, lungo i corridoi, in fondo alle scale e davanti alla porta del preside dalla forza d'urto delle onde sonore emesse dal cavo orale della scrivente. Pochi passi prima della soglia, costui ebbe un crollo emotivo, abbassò i freni inibitori e si abbandonò a un dirotto pianto nel quale, tra rivoli di lacrime e fili di moccico, incastrò le parole: «Basta, la prego, smetta di urlarmi in faccia, la prego» e ottenne il consenso a un pacifico confronto, culminato in un accordo, basato sulla promessa di un nuovo, reciproco rapporto.

La porta del preside rimase chiusa.

Per il resto dell'anno, l'insolente non fu più insolente: fu semplicemente (e gradevolmente) Roberto Biagini. Uno di quei (tanti) adolescenti a cui i genitori hanno dimenticato di insegnare il rispetto della scala gerarchica, il senso della misura e il valore dell'educazione.

L'innamorato

Quando ero ragazzina io, andava così.

Lui mi piaceva. E a lui piacevo io. Prima di tutto questa notizia faceva il giro degli amici e quando arrivava agli orecchi miei e suoi, era già passato un mese. L'avvicinamento era graduale e verbale. Ci si frequentava prima tutti insieme, in banda, e si consumava il pavé della Via Maestra strusciando i piedi in terra in su e in giù, incrociando le stesse persone a serate intere. L'avvicinamento fisico era lento, a volte proporzionalmente inverso al livello di attrazione: più ci si piaceva e, per un misto di pudore e di imbarazzo, meno ci si avvicinava.

Poi, un giorno (ma potevano essere passate mille altre settimane), per certe leggi della fisica che non era dato di comprendere, ci si ritrovava accanto.

Di lì a poco, ci si sorprendeva soli, perché gli amici (tutti Cyrano ma senza il naso lungo) s'erano nascosti o avevano improvvisamente invertito il senso della "vasca" lungo il corso Italia.

Nel suono ovattato che assumono i contorni delle cose quando ci si sente innamorati, chiara giungeva una domanda: «Ti vuoi mettere con me?». Era lui che lo chiedeva a me, passandomi la patata bollente della risposta.

La risposta del resto era stata già da tempo meditata ed

elaborata, come le parole da adoprare, scelte con cura e pazienza lessicale. «Sì» dicevo infatti.

E la cosa era fatta.

Si stava insieme.

Il che voleva dire: ricominciare gradualmente a parlarsi, passarsi a prendere a casa, ma anche trovarsi direttamente in paese, continuare a stare con gli amici, ma preferibilmente appartarsi in pineta o nel viale per lunghe, passionali pomiciate.

Prima senza lingua.

Poi con.

«Macché, profe! Oggi non si fa mica più così!»

«Ah no?! E come si fa?»

«Oggi quando ci piace un ragazzo si spera che ci chieda di uscire. Se non lo fa lui, lo facciamo noi, per esempio mandandogli un messaggino con la scritta "Tu mi garbi!". Quando si esce, ci si bacia. Subito. È necessario, profe. È indispensabile. Perché solo baciando una persona si capisce veramente se quella persona va bene per noi e se ci piace davvero. A volte può capitare che ci crediamo innamorati di qualcuno, che ci piaccia da morire, poi però dopo averlo baciato non sentiamo nulla, anzi, improvvisamente non ci piace più. Per cui lei capisce bene che sarebbe un errore mettercisi insieme prima di essersi baciati almeno qualche volta. Così si esce e ci si bacia, si esce e ci si bacia, si esce e ci si bacia diciamo quattro o cinque volte, e solo allora ci si mette insieme. Il che non è scontato perché ci sono tanti ragazzi che ti fanno uscire e ti baciano, ti fanno uscire e ti baciano, ti fanno uscire e ti baciano, e poi si mettono con un'altra con cui nel frattempo erano usciti.»

Cosa li scrivete a fare, tutti quei libri sui comportamenti dell'adolescenza e sulla trasformazione dei tempi? Parlare coi ragazzi vale molto, molto di più. E anche ricordarsi di come ci sentivamo noi, quando avevamo la loro stessa età e c'innamoravamo.

L'innamorato smette di mangiare e, sebbene di giorno sembri caricato a molla, dorme molto meno. Ne consegue che egli ha più difficoltà a concentrarsi e a scuola spesso cola a picco nel giro di poche settimane. Sia che l'amore provato sia ricambiato o che rimbalzi al mittente, l'innamorato al momento ha altro a cui pensare e di libri, interrogazioni e professori gliene importa il giusto, cioè niente.

Del resto, chi se ne intende sostiene che l'amore è costruito da diverse aree del cervello: certo, il motore immobile da cui tutto parte è l'aspetto esteriore dell'oggetto amato, la bellezza, ma nel sentimento d'amore vero e proprio entrano in gioco altre regioni del cervello quali il nucleo caudato e i solchi fusiforme e angolare della corteccia. Questo per dire che quello che turba i nostri ragazzi non è cosa da poco, né da sottovalutare.

Anche perché, tra tutte le fasi anagrafiche che l'essere umano attraversa, ammettiamolo, non ne esiste un'altra più cazzuta dell'adolescenza, e gli esperti dicono che l'amore adolescenziale, per quello stato di disordine della testa e dell'umore che si trascina dietro, assomiglia parecchio alla malattia mentale.

Ora, quando si va a parlare d'amore, la distinzione tra i due sessi si fa irrinunciabile.

Negli anni della scuola superiore una ragazza dà pappa e ciccia a un suo coetaneo maschio in fatto di dinamiche amorose, corteggiamenti, acchiappi, abbandoni e corna. Anche nel caso in cui lui sia preceduto da reputazione di sciupafemmine, viveur e dongiovanni, non c'è storia: qualunque donna, qualora voglia, se lo rigirerà come un calzino.

E infatti c'era questo Michele Paolicchi, in una scuola dove insegnavo: non molto alto, non troppo bello, non particolarmente diligente ma insomma tutti sei, eppure intriso d'innegabile carisma e sintomatico mistero. Se non pieno, certamente era sicuro di sé: percorreva gli infiniti corridoi dell'istituto con le sue gambette da calciatore, due parentesi tonde e mobili lungo un piano che sembrava infinito, e dagli occhi azzurri lanciava dardi spietati alle pischelle. Tutte più alte, più belle e più diligenti di lui. Eppure era lui che si giravano a guardare, tutte quante. Perché lui c'aveva quel sorriso sornione del vissuto già a diciott'anni. Lui si fermava a parlare con loro, le vezzeggiava, le spettinava un po', le prendeva in giro come quello che disprezza e compra. Poi, felpato e arcuato com'era arrivato, se ne andava, l'iPod in un orecchio solo, lo zaino viola sulle spalle. Fidanzarsi, per carità. A lui piaceva pasturare. Piluccare. Pizzicare l'uva insomma. Un chicco da un grappolo, uno da un altro. Poi un giorno (mannaggiallui) si fermò a spettinare lei, che aveva gli occhi come la Nala di Simba, leggermente obliqui e tutti ciglia, da cerbiatta. Fu la sua disfatta. Lei si finse timida, all'inizio. Quasi schiva. Pudica. Giocò alla caccia e accettò d'interpretare il ruolo della preda. Michele Paolicchi, che in quella fase ebbe a nomarsi *The Hunter*, combatté per conquistarla a suon di fiori e frasi retoriche sbombolettate sul marciapiede della scuola. E vinse. Ma avrebbe scoperto ben presto che la sua vittoria era solo sulla carta. Nella realtà, chi aveva vinto era occhi di cerbiatta, la quale nel giro di poche settimane s'impossessò del coltello, lo afferrò per il manico e ridusse quel ragazzo nella derelitta ombra di se stesso.

Ma non era su questa storia in particolare che intendevo richiamare l'attenzione. Piuttosto, su quanto l'amore rappresenti un'esperienza devastante per un adolescente e di quanto la tipologia genitoriale che egli ha ricevuto in dotazione dalla vita influisca nel suo modo futuro di procurarsi l'amore. Sempre i soliti studiosi colti sostengono infatti che la relazione precedente che ci prepara al rapporto amoroso è proprio quella con i nostri genitori: se quando siamo ragazzi essi ci sostengono e ci trasmettono il prezioso senso della sicurezza, il nostro stile d'amare ne sarà beneficiato. Viceversa, ci sentiremo scomodi e inappropriati.

E ora bisognerebbe andare a fare un discorsino con la mamma del Paolicchi.

Il bugiardo

Chi sceglie il mestiere che ho scelto io, di cadere in un tranello dopo l'altro di bugie deve metterlo in conto. La voce "provare a fottere il professore" figura tra le più rappresentative del contratto stipulato dagli studenti.

Ma io no, io non ci casco. Sono furba, io. E mica dormo, quando siedo alla cattedra. Tzè. Io controllo. Io vigilo. Io m'informo. Io mi aggiorno. E quindi prevedo. Perché so.

So per esempio che i ragazzi, se hanno un lavoro di ricerca da fare, scaricano lo scaricabile da Internet, copincollano ogni ben d'Iddio, gli danno un'aggiustata, una riformattata, levano i link (i più pressappochisti ce li lasciano addirittura), scrivono il loro nome, cognome, classe, sezione, anno scolastico e hanno il coraggio di propinartela con il pretenzioso nome di "tesina".

So anche che, grazie alle diavolerie elettroniche di cui possono disporre, non hanno più bisogno di trascriversi paginate di storia sugli avambracci, formule di matematica su pizzini da incollare alla calcolatrice, regole grammaticali d'inglese da incastrare tra le definizioni del dizionario monolingua. Come so che spippolano messaggini col telefonino padroneggiando alla cieca la tastiera mentre lo tengono silenzioso nella tasca del giubbotto e col faccino fanno sìsì a me che, ispirata, spiego le conseguenze della caduta del muro di Berlino.

E so che, benché i tempi siano mutati e le furberie si siano fatte raffinate, le vecchie scuse della nonna che sta male, del gatto morto e della caldaia esplosa per giustificarsi da un'interrogazione impreparata non sono ancora cadute in disuso ma al contrario conservano l'intramontabile fascino del vintage.

Tutto questo mi porta a vivere in un perenne stato di tensione, occhi sgranati e antenne ritte, allo scopo di non farmi infinocchiare da quella ventina di infide volpi che ogni giorno trovo ad attendermi nelle classi in cui vado a far lezione.

Ecco, io però devo essere sincera, con Marco Pagani mi rilasso. Marco Pagani, con il viso aperto e chiaro, con i capelli al naturale distesi sulla calotta cranica e non sparati al creatore duri di gel, che ne so, mi tranquillizza. Marco Pagani fa la seconda liceo, ma è così piccino che vedendolo per strada diresti che va ancora alle medie. I braccini a stecco, i jeans vuoti, l'espressione di fanciullo, e quel dente scheggiato dei bimbi che ancora giocano a pallone nel cortile e si tuffano in una parata, che fanno le gare in bicicletta e cadono. Marco Pagani in classe sparisce, risucchiato dall'altezza e dal vocione dei compagni, tutti più sviluppati e più scafati di lui. Povero Marchino.

Che poi c'ha sempre quel visuccio pallido a impensierirmi, e quelle occhiaie un po' sospette, ultimamente.

Così «Posso parlarti in privato?» gli domando un giorno in cui sono costretta ad ammollargli l'ennesima insufficienza che non so spiegarmi.

Lui sbianca, si accartoccia, e dice sì.

Soli nel budello scuro del corridoio, vado subito al punto e gli chiedo che succede, a cosa è dovuta questa inarrestabile perdita di colpi, uno dietro l'altro, un giorno dopo l'altro.

«Eh...» esordisce lui con un sospiro.

«Eh cosa?» insisto, e lo esorto ad aprirsi, gli dico che di me si può fidare, che se qualcosa non sta andando per il verso giusto, poiché siamo a dicembre, siamo ancora in tempo a porre rimedio, a recuperare. E mi abbandono a un ispirato pistolotto sui benefici di un onesto rapporto discentedocente, sul nuovo ruolo che deve avere la scuola, non più mera trasmissione dei saperi ma occasione di crescita personale grazie alla presenza di tutti gli altri individui che la costituiscono e la popolano.

Marco Pagani adotta postura, espressività e gestualità del povero tapino, e vuota il sacco. Tutto intero. Tutto insieme.

Mi dice che la faccia smunta è da imputare alle sue notti insonni, le quali sono da ricondurre alle sue preoccupazioni, le quali sono da motivare con i numerosi problemi che ha a casa.

«Quali problemi?»

La nonna sta male. Malissimo. Ha le ore contate e un piede già dentro la fossa. Per cui la mamma è costretta a farle le nottate, trascurando la famiglia. Quando lui torna da scuola non trova mai nessuno ad aspettarlo, il pranzo è per lo più freddo, cucinato la sera prima in fretta e furia, la casa deserta. La prospettiva quotidiana è un lungo pomeriggio di eremitismo coatto, a cui pone fine solo suo padre, che alle quattro lo chiama a bottega affinché vada a dargli una mano. I Pagani hanno una macelleria e, ora che la madre è impegnata con la nonna, il padre da solo non riesce a far fronte a tutto il lavoro, per cui chiede («in realtà, professoressa, impone») al figlioletto di raggiungerlo e di stargli vicino.

«E i compiti?»

I compiti si fanno sullo sgabello vicino alla cassa, tra uno scontrino e l'altro, ma di fretta, approssimativamente e («lo ammetto, professoressa») con una certa superficialità, che poi divampa alle interrogazioni. Ma del resto, come si fa a ripetere a voce alta Federico II di Svevia a bottega, con le donnine che entrano, escono e chiacchierano?

È vero. Ha ragione Marco Pagani: come si fa?

E, scandalizzata dal racconto, mentre chiedo a me stessa come si fa a pretendere tanto da un ragazzino il cui primo e unico impegno serio dovrebbe essere la scuola, m'inviperisco mentalmente contro questo babbo scandaloso, contro questa famiglia che non si sa organizzare, che non sa rispettare le priorità e i diritti dei minori.

E prometto tutto il mio aiuto, assicuro tutto il mio sostegno, giuro tutta la mia disponibilità a concedere i tempi necessari al recupero delle insufficienze, e mi pento, mi pento, mio Dio come mi pento, di tutti i quattro che ho scritto sul registro lungo la linea orizzontale corrispondente a Pagani Marco.

Due mesi andò avanti, questa pantomima.

Un giorno mi si presentò davanti un uomo con il viso aperto e chiaro, coi capelli al naturale distesi sulla calotta cranica. Era il padre di Marco Pagani.

«Come vanno le cose a casa?» fu la prima domanda che gli posi.

L'impalcatura di menzogne costruita dal figlio si sbriciolò sotto la perplessità del padre («Quali cose?!»), la verità si mostrò nuda e crudele qual era: non c'era nessuna nonna moribonda, nessun pranzo freddo, nessun pomeriggio di solitudine forzata né di sfruttamento del lavoro minorile. La notte dormivano tutti e tre a casa e tutti e tre beati (Marco addirittura russava come un Same in salita). Il visuccio bianco e le occhiaie erano dovuti a una forma congenita e comunque non grave di anemia.

Per fortuna l'equivalenza "dimmi chi sei, ti dirò che genitore hai" non è così scientifica e a volte si trovano padri disposti a schierarsi non contro, ma a fianco del docente, non per il danno, ma per il bene dell'adolescente che li ha fatti incontrare, intrecciando per uno scampolo di vita i loro destini.

Marco Pagani ebbe in famiglia una punizione esemplare.

Io gli vietai di rivolgermi la parola per il tempo che ci restava da passare insieme e spinsi in fondo, laggiù, più in fondo possibile la tentazione di perdonarlo e farci pace che, ogni volta in cui incrociavo i suoi occhi liquidi di fanciullo, mi attanagliava, straziandomi.

I prigionieri

Parlo dei ragazzi e delle ragazze che in casa dicono: «A scuola? Tutto a posto» e non è vero niente.

La scuola di cui parlano è l'università. Lettere e filosofia, Economia e commercio, Ingegneria, Scienze politiche, Giurisprudenza. Ho dato sedici esami, ne ho dati ventuno, me ne mancano due, sono a meno quattro, sono in pari col semestre, alla prossima sessione mi assegnano l'argomento per la tesi. E invece non è vero niente.

A mentire cominciarono quel giorno, quello dell'appello di febbraio. O di aprile? O di giugno? Avevano l'esame, la notte prima dormirono poco, di casa uscirono dopo aver consumato una colazione che sembrò loro di non meritare. Salutarono sperando di non essere visti né sentiti, invece la madre li accompagnò alla porta e li stette a guardare mentre la spirale delle scale li risucchiava al pianterreno con la borsa tracolla e le dispense dentro.

La città quella mattina parve loro di una bellezza quasi offensiva, il sole cos'era sorto a fare, lo stomaco spinse in bocca un rigurgito d'acido, la testa fischiava.

In facoltà c'era sempre troppa gente, all'uscio della stanza dell'esame un foglio sgualcito accoglieva i candidati in un ordine numerico che alloggiava meglio chi prima era arrivato. Fu il loro turno, si presentarono davanti al professore, c'era anche l'assistente, misero una firma sul verbale, trattennero il fiato alla prima domanda, il fiato anche alla seconda. Dopo la terza non ce ne furono altre, furono esortati a ritentare, salutarono gentili, se ne andarono.

La testa ronzante e le gambe che camminavano da sole, una volta fuori pensarono che in fondo non era andata così male, in fondo si poteva riprovare, bastava studiare un po' di più e farsi coraggio, magari torno a casa e non dico niente, tanto fra un mese c'è l'appello nuovo e di sicuro ce la faccio.

A casa dissero "ventiquattro", "ventuno", "ventisei", numeri medi quindi onesti, "un po' pochino" commentarono i padri, "mannò va bene" corressero le madri, la coscienza rimordeva, addentava la bocca dello stomaco e faceva male, ma a conti fatti non era stato poi così difficile, una bugia, una sola, quella volta, e già la volta dopo avrebbero posto rimedio.

Invece quella di quel giorno fu la prima di una lunga serie di bugie, una catena di menzogne che prese ad allungarsi crescendo di anelli sempre nuovi, ricercati e ricchi di particolari. Fandonie inedite ad ogni appello, frottole creative, credibili panzane, fole elaborate, mentre il catenaccio d'invenzioni gli s'infrenava intorno e li immobilizzava lentamente, un giorno dopo l'altro, fino al giorno (annunciato) della laurea. Quando le famiglie si mobilitano per organizzare la festa meritata, quando gli amici prenotano dal fioraio il mazzo col tralcio d'alloro intorno. Quando loro, i protagonisti, i prigionieri, prigionieri di se stessi, escono di casa per non farvi più ritorno.

Ho conosciuto un prigioniero di se stesso. Era un ragazzo molto piacevole, intelligente e compagnone. Un animale sociale. Si iscrisse all'università e all'insaputa di tutti entrò nel vicolo cieco. La sera precedente alla discussione della tesi di laurea prese la macchina e andò a fare un giro. Le mani sul volante lo portarono verso la montagna. Seguì i tornanti e giunse in cima, all'ultimo belvedere da cui si dominava la vallata. Forse pensò che era in trappola. Forse si sentì finito. Così invertì la direzione e imboccò la strada del ritorno. Ma trattò una curva a gomito come se fosse stata un rettilineo e volò nello strapiombo. Quando i mezzi di soccorso e le forze dell'ordine trovarono il suo corpo decomposto e smangiucchiato dalle volpi, i suoi familiari avevano già scoperto che per il giorno successivo a quella tragica sera non era in programma nessuna discussione di nessuna tesi e che, piuttosto, c'era ancora una lunga lista di esami da superare.

La depressa

La statistica ci dice che, in tema di depressione adolescenziale, il piatto della bilancia pesa di più dalla parte delle femmine. Non che i ragazzi siano immuni dal male oscuro, però pare che la componente possa dirsi addirittura innata nelle ragazze.

E pensare che Freud e i primi psicanalisti con lui, l'adolescenza come fase della vita in cui cercare una spiegazione a certi comportamenti dell'età adulta, la saltarono a piè pari. Per loro era l'infanzia lo scrigno con tutti i tesori, ossia le risposte di cui avevano bisogno per curare la malattia dell'individuo adulto.

Oggi invece si è capito quanto l'adolescenza sia determinante quando si voglia capire e, conseguentemente, curare. È nell'adolescenza che si sviluppa il cosiddetto "senso dell'io", una specie di tabella di autovalutazione programmata però in base al proprio rapporto col mondo esterno, in base alla risposta sociale che riceviamo a seguito dei nostri comportamenti.

Quando una bambina esce dall'infanzia e spalanca la porta dell'adolescenza, fa l'immediata conoscenza della Signora Autoanalisi. Donna austera, severissima, inflessibile, non disposta a sconti, la Signora Autoanalisi insegna alla ragazzina la pratica dell'introspezione, presentandogliela come viatico per la maturazione emotiva, della consapevolezza di sé e, dunque, della felicità.

E sarebbe così, se quasi tutte le ragazzine del mondo non scambiassero l'introspezione per una droga, diventandone immediatamente dipendenti e facendone sconsiderate, quotidiane overdose. Assunta in dosi massicce, oltretutto, l'introspezione porta all'autocritica pesante, alla non accettazione di sé, quindi alla depressione, quella che annienta e riduce in stracci.

Eccole lì, annientate e ciondoloni come cenci stesi ad asciugare al sole, le depresse.

Si afflosciano sul banco e credono che il sonno esista solo per perseguitarle. Mai erette e padrone della loro colonna vertebrale, assumono posizioni sbilenche, oblique, storte, scambiano il braccio per lo stipite di una porta e ci si appoggiano, ci si abbandonano. Ma il braccio non regge, e lentamente cede insieme a loro. Dopo la prima ora, il busto giace in tralice sul banco e soffoca il libro di letteratura aperto (ti pareva) al capitolo su Giacomo Leopardi.

A voler fare un discorso meramente estetico, direi che le depresse ce l'hanno scritto in faccia che lo sono. Bianche e macilente, rifiutano l'opzione cosmesi. Se si truccano, lo fanno con l'evidente intento di peggiorare una situazione già di per sé poco felice. La scala cromatica in cui al mattino tuffano il pennellino in lattice contempla solo le tonalità del livido. Il fard lo aborrono per quel fastidioso senso di benessere e salute che rievoca. La bocca perde i contorni e sparisce nel pallore uniformato del viso; occasionalmente vira al viola.

Se fosse Leopardi a descriverne una, direbbe che "non compagna, non vola, non si cal d'allegria". Infatti la tragedia personale della depressa è aggravata dalla repulsione sociale che suscitano gli appartenenti alla sua categoria. I depressi raramente stanno simpatici, così, in generale. In particolare gli adolescenti, tutti impegnati nella ricerca della propria felicità, provano una vera e propria irritazione nei confronti di chi si abbatte e si nega alla vita vestendo il broncio dalla mattina alla sera. Così nel migliore dei casi lo ignorano, ridacchiandogli un po' dietro mossi da una facile ironia. Nel peggiore dei casi lo vessano. Da quando ha fatto irruzione sulla scena il cosiddetto "emo", lo ghettizzano, per lo più schifandolo.

«Alice, perché porti gli scaldamuscoli per le braccia anche dentro l'aula? Non senti come si soffoca di caldo?» chiedo a una mia alunna.

«Profe! Shhh...! Non vede che Alice è... *emo*?» trasalgono le sue compagne.

Sinceramente no, non vedo, per cui capisco che mi devo fare una cultura e scopro che, riferito a un genere musicale inizialmente compreso all'interno del punk-rock e poi estesosi anche alle sonorità melodiche orientali dell'indie e dell'alternative rock, il termine "emo" (nella dicitura completa "emo-core") oggi come oggi con tutto questo c'entra poco, perché è diventato più che altro un fenomeno di tendenza, in particolare fra gli adolescenti che non si sentono granché in forma e che esteriorizzano il loro malessere scegliendo un look eloquente.

In questo senso, il ciuffo obliquo, foltissimo e coprente aiuta a nascondere il più possibile la faccia, i colori tetri a far intendere con che tipo umorale si ha a che fare e gli scaldamuscoli per le braccia a occultare i tagli che gli emo avrebbero l'abitudine di procurarsi sulla parte finale degli arti superiori.

«Si tagliano da soli?!»

E mi viene detto che sì, si tagliano da soli per ostentare la loro depressione, per comunicarla al mondo. Ma il mondo, spietato com'è, un po' li commisera e un po' li sfotte.

Più che alle reazioni del mondo, però, sarei interessata a quella delle famiglie: come gestiscono una emo, quei genitori che se la ritrovano per figlia? Si limitano a bollare di stranezza il suo aspetto? Ne fanno una questione di moda, di rituali giovanili, di maschera d'appartenenza? Si fermano davanti al muro di silenzio costruito dalla ragazza? Minimizzano? Aspettano che passi? Oppure s'interrogano, consultano, agiscono?

Io con Alice decisi di agire e, visto che lei (quando la chiamavo esplicitamente in causa) mi parlava con un filo di voce badando bene a non guardarmi negli occhi, decisi di fare come Maometto: ogni volta che la interrogavo mi spostavo dalla cattedra e trascinando la sedia fino al suo banco mi sedevo di fronte a lei. Presi a sussurrarle le domande come un prete nel confessionale e lei a rispondere piano come una peccatrice pentita. E usai la scrittura per raggiungerla davvero. I titoli dei temi che assegnavo mi servivano per abbattere il suo muro e conoscere i segreti che le davano il tormento: il trasferimento da Shangai a Firenze, l'incomunicabilità iniziale dovuta a una lingua ignorata e astrusa, la solitudine in una famiglia dove i genitori lavoravano di giorno e anche di notte, il disprezzo preconcetto manifestato da parte di molti coetanei, l'impossibilità di farsi conoscere e apprezzare, il rifugio consolatorio nei manga disegnati in autobus, l'iPod da tenere sempre addosso come una protesi all'orecchio.

Nell'ultimo tema Alice scrisse che due erano i ricordi positivi che avrebbe conservato, di quell'anno di scuola: al nome di Giacomo Leopardi seguiva, pur per motivi differenti, il mio.

Negli ultimi giorni di lezione la sorpresi più volte a guardarmi sorridendo.

Mi chiesi se i suoi genitori avessero una percezione del percorso effettuato da quella ragazza, se ne cogliessero gli impercettibili ma significativi mutamenti.

Furono domande destinate a rimanere prive di risposta, perché io, i genitori di Alice, non li conobbi mai.

Il secchione

Per un'appassionata d'etimo come me, andare alla ricerca della derivazione lessicale della parola più abusata nelle scuole è stato più un dovere che una necessità.

Il Devoto-Oli liquida la questione rimandandomi a un più comune "sgobbone"; lo Zingarelli mi fornisce anche l'alternativa "secchia" definendoli entrambi termini familiari e, a ben guardare, spregiativi. Immagino che la Rete sia disposta ad allargarsi un po' di più e sulla barra bianca di Google digito "secchione". E infatti.

Il wikidizionario (fratellino dell'arcinota wikipedia) mi dice "chi prende voti alti studiando molto e non ha una vita sociale" e mi spiega che "la parola deriva da *segiòn*, lemma svizzero che vuol dire *studente modello*". Pare che questo termine prima di tutto derivi dal latino classico *situla*, contrattosi poi in *sicla* nel latino parlato. Il legame tra l'oggetto materiale e il concetto astratto farebbe pensare all'alunno che va continuamente a riempire il proprio secchio al pozzo della scienza, ma potrebbe ricondurre anche al verbo *sgamela'* (sgobbare, lavorare molto), che a sua volta fa pensare a *gamella*, il recipiente per il rancio dei soldati e, per estensione, al *segiòn*, una gamella più capiente.

La dissacrante nonciclopedia, invece, me ne fornisce natura ("è un animale presente in tutte le scuole per la felicità dei bulli e delle prof"), segni distintivi ("piange se prende

9,9999 anziché 10", "aria da zombie", "cartella pesante perché lui porta sempre tutti i libri, non come certi"), distribuzione geografica ("in ogni classe ce n'è come minimo uno, come massimo troppi") e hobby a cui si dedica ("latino", "glottologia", "origami", "sudoku ma difficili").

Io però non ho bisogno di vederle scritte, certe informazioni. Io coi secchioni ci sono nata, cresciuta e anche per non dovermene separare ho scelto di fare l'insegnante. E di secchioni dunque ne ho conosciuti a bizzeffe, tanto che posso permettermi di fare una distinzione che trovo moralmente doverosa tra il secchione maligno e il secchione provvido.

Il secchione maligno, esemplare numericamente più diffuso nelle scuole d'Italia, gongola per i successi propri e gode dei fallimenti altrui, che tenta di favorire con infidi atti da infimo attore. Egli dichiara puntualmente di non aver studiato e se prima di un compito gli chiedi qualche chiarimento finge di non sentire o te lo dà sbagliato. Una volta consegnata la verifica assume aria contrita per dire "ho sbagliato tutto, una catastrofe, una vera Caporetto, devo proprio aver perso la trebisonda", ma se un compagno gli domanda "chiccazzo sono codesti Caporetto e Trebisonda?!", non perde l'occasione di tacciarlo d'ignorante e mortificarlo per tutto l'intervallo insultandolo sostenuto da altri secchioni. Esprime tutta la sua malignità collaborando con i professori alla raffinata arte d'individuare i copioni, ch'egli indica a dito non appena li scorge. Inutile cercarlo con gli occhi quando si è alla lavagna per un'interrogazione perché il secchione maligno simulerà sempre di essere attratto da un panorama che a causa di una precoce cecità da prolungata permanenza sopra i libri non mette neanche a fuoco. Sconsigliabile cercarlo soprattutto nei pomeriggi extrascolastici visto il suo carisma nullo e il livello di noia a cui conduce la sua compagnia, al posto della quale merita di gran lunga una sana e consapevole solitudine.

Appartiene alla categoria del secchione maligno, rappresentandone un sottogenere interessante da studiare, il ruffianello. Comunemente detto anche "schifoso leccaculi", il ruffianello è diventato tale perché in casa gli è stato insegnato che leccare (appunto) bassi fondoschiena gratifica, paga, e conduce a un successo nove volte su dieci assicurato. Con ogni probabilità, il babbo o la mamma del ruffianello sono a loro volta ruffianelli che hanno risalito la scaletta sociale grazie ad apprezzamenti adulatori che erano ben lungi dal pensare veramente. Nella famiglia del ruffianello si fa puntuale buon viso a ogni cattivo gioco in cui s'incappi, si mascherano giudizi veritieri dietro un'affannata simulazione e ci si dedica a una strenua operazione da teatranti. Quando (raramente) ci si sente quella che la signorina Silvani chiamava "una merdaccia", si spinge in fondo alla coscienza la spiacevole sensazione e si va avanti, forti dei motti *Show must go on*, "Il fine giustifica i mezzi" e "Per i sinceri non c'è paradiso". Analogamente ai suoi genitori, il ruffianello giocherà con astuzia tutte le sue carte più untuose e sudaticce per pervenire allo scopo prefisso: trovandoci in ambiente scolastico, il quieto vivere per nove mesi e la promozione assicurata. Non ferma il ruffianello nemmeno il disprezzo dichiarato dei compagni, che lo copriranno di infamie (tra le più rivoltanti, "pulisciti la bocca, sei sporco di marrone"), lo isoleranno, lo ghettizzeranno, e faranno di lui un oggetto di scherno, ma non riusciranno ad annientarlo. Il mondo (purtroppo) preferisce premiare chi sa vendersi meglio: alla fine dell'anno il ruffianello passerà a giugno, coloro che hanno lasciato trasparire i loro veri sentimenti nei confronti di questo o quell'insegnante, verranno rimandati perché, oltre che fannulloni esattamente come il loro compagno istrione, sono stati personaggi scomodi.

Quando invece il secchione è provvido, averlo in classe si rivela una fortuna.

Chiara Innocenti era il cuore, il mastice, l'ago della bilancia in mezzo ai suoi compagni. Era ogni giorno preparatissima in tutte le materie e in pari con i compiti assegnati. A lezione seguiva, concentrata e diligente, evitando di distrarsi. A casa, assai semplicemente, studiava. Le sue pagelle facevano impressione, i suoi voti non erano mai scesi sotto l'otto. Avremmo potuto definirla una secchiona e tagliarla corta lì, ma la discrezione e la modestia di quella ragazza ce lo impedivano di fatto. Ai compiti Chiara, più che suggerire, aiutava. Nelle discussioni in classe si schierava. Nelle relazioni si metteva in gioco e ci scommetteva. Però, che ci poteva fare, studiava tanto volentieri, e s'innamorava dei poeti, e si lasciava avviluppare dagli intorti filosofici, e ci rimuginava anche da sola mentre portava il cane a pisciare, e si preoccupava dei compiti e delle interrogazioni, e capiva che il suo destino se lo stava costruendo allora, in quel momento, con quelle rinunce e con quei sacrifici, e intuiva che meno ignorante fosse stata e più felice si sarebbe sentita, e percepiva che avrebbe avuto una vita consapevole solo se si fosse fatta il mazzo su quei libri dove erano scritte le uniche verità a cui vale la pena credere. Come le ricordavano ogni giorno suo padre e sua madre, fermi e solidali accanto a lei, per sostenerla.

L'invisibile

Se l'insicuro stenta a rispondere all'appello, se l'ansioso dà voce alle proprie paure defecandosi addosso, se il tracotante fa carte false per guadagnarsi la scena, se il secchione alza la mano perché sa la risposta, se l'impudica la alza per sventolare il lines, l'invisibile passa le mattinate a scuola a fingere di non esserci.

Perché lo hanno generato? Perché lo hanno dotato di un corpo? Perché, poi, proprio di quel corpo? Perché lo hanno iscritto in quell'istituto? Perché deve trascorrere il suo tempo in mezzo agli altri? Questo si domanda ogni mattina l'invisibile, mentre varca la soglia dell'aula e strenuamente tenta di non farsi notare.

«Giovanni, buongiorno.»

Difficile non notare Giovanni Bonciani, un metro e sessantacinque per un centinaio di chili (di cui almeno trenta in esubero) di carne umana flaccida cellulitica e cadente, distribuita con disarmonia intorno a uno scheletro soffocato dall'adipe.

Giovanni si muove lentamente, procede un po' curvo, ma non in avanti, di parte, un po' per il peso dello zaino appoggiato su una spalla sola, un po' per uniformarsi alla direzione del ciuffo dietro cui inizia ogni giorno l'operazione di occultamento. E così rimane storto anche quando lo zaino se l'è fatto scivolare lungo il braccio per versarlo sopra il banco. No, non è un emo, Giovanni. Giovanni è uno che vorrebbe proprio dissolversi, vorrebbe non esserci proprio, non avere sostanza, non esistere.

Per non palesarsi, quasi non parla. Quando è costretto a scrivere, adotta una grafia minimalista inversamente proporzionale alle dimensioni della propria persona. Usa una penna con l'inchiostro blu chiaro, quasi celeste, il nero no perché si vede troppo. Un grafologo qualsiasi, interpretando i suoi segni, leggerebbe dietro le aste troppo corte delle "ti" e le gocce rinsecchite delle "elle" e delle "gi" esattamente quello che Giovanni sogna da sempre: rientrare, riassumersi, rimpicciolire. Fino a sparire. Anche le maiuscole sono minuscole, dentro i suoi temi stinti.

Per sedersi ha scelto l'ultimo banco dell'ultima fila e per compagna la più filiforme di tutta la classe. Che poi non l'ha scelta, gli è capitata, come gli avanzi di quando si tira a sorte per fare due squadre e scontrarsi a calcetto, io prendo lui, io lui, io lui, e alla fine c'è sempre quello che non vuole nessuno. Si vede che Laura Staderini non l'hanno voluta, esattamente come il Bonciani, per questo sono finiti accanto, lui straripante, lei siccitosa, entrambi con i propri evidenti problemi di alimentazione, lui che torna a casa e svuota il frigo, lei che non lo apre nemmeno. Loro che, nelle quattrocento foto che ci scattiamo in gita, trovano quattrocento modi (voltandosi, piegandosi, razzolando nello zaino, distraendosi) per non finire mai nell'inquadratura.

Loro che hanno questi genitori ciechi sordi e muti come le celebri scimmie: vengono ai colloqui, s'informano sui voti, sorridono ottusi e non fanno mai riferimento alle taglie alterate che i loro figli sono costretti a indossare, perché fingono di non averci ancora fatto caso. Si coprono gli occhi, si turano le orecchie, si tappano la bocca e mi fanno pensare ai nomi dei tre primati ritratti nel santuario di Toshogu, a Nikku, in Giappone: Mizaru, Kikazaru e Iwazaru, rispettivamente traducibili in "non vedere il male", "non sentire il male" e "non parlare del male".

Quei genitori che il male ce l'hanno in casa, ma preferiscono ignorarlo.

La ribelle

Mi si permetta, la ribellione, di trattarla al femminile.

Il maschio che si ribella fa notizia però ne fa un po' meno, perché sta nella sua natura svincolarsi dalla catena e cercare una strada fuori dalle regole. Uno studente che stenta ad assoggettarsi ai diktat della scuola in genere, dei suoi professori in particolare, è un cliché che si è visto quante volte? Così tante, che ormai le strategie per gestirlo e arginarlo si sono fatte raffinate e quasi infallibili. Anche a me: datemi un ribelle coi calzoni, e lo ridurrò un agnello in meno di un mese.

Arianna Trefoloni però metteva spesso la gonna. Sebbene cercasse di non rievocarne l'immagine, era una ragazza a tutti gli effetti, e spendeva ogni sua energia a ribellarsi.

Arianna si ribellava al silenzio, alla disciplina, all'ordine, alle imposizioni. A scuola contestava i compiti, le interrogazioni, sindacava sulla tempistica delle consegne, sull'organizzazione del lavoro, persino sulla divisione in quadrimestri. A casa (raccontava la sua mamma, tronfia nella sua arrendevole ammirazione per la figlia) si ribellava a orari e incombenze, a divieti scesi dall'alto e comportamenti socialmente accettati. Era così polemica che si ribellava anche a quello che, in teoria, sarebbe potuto andarle a genio.

Infieriva infine su di sé: e si ribellava ai suoi capelli serici e lunghi che avevano il colore del chicco di caffè, si ribellava al suo incarnato di madonna fiorentina, ai suoi tratti da personaggio di una fiaba, alla sinuosità dei suoi margini corporei. La natura l'aveva fatta bella, Arianna. Ma lei si ribellava anche alla propria bellezza, nell'ostinato sforzo di corromperla.

Sicché la gonna la metteva, ma sdrucita e tutta buchi. I capelli li teneva lunghi, ma strangolati a un cappio elastico anche quando dormiva. Alla pelle del viso attentava fumando un pacchetto comodo di sigarette al giorno, aveva sforacchiato naso, sopracciglio, lingua e cartilagine auricolare per infilarci segmenti di metallo culminanti in palline e pietre colorate. A ridimensionare grazia e sinuosità ci pensavano gli anfibi, incollati ai piedi anche d'agosto, calzati slacciati e larghi, consumati storti alla suola posteriore.

In tempi non sospetti, quando la moda doveva ancora dilagare azzerandone il messaggio intrinseco, Arianna Trefoloni si era inzaccherata in modo perenne il braccio destro, il polpaccio sinistro, il basso ventre fino all'affaccio sul monte di Venere e l'attaccatura posteriore del collo con quattro tatuaggi policromi e oggettivamente pacchiani a cui tacita promise: finché morte non ci separi.

E poi faceva la sgraziata. Biascicava chewing-gum aggiustando la bocca all'espressione dello sprezzo e tra una pestata di denti e l'altra le vedevi la lingua violentata dal piercing arricciolata a bozzolo che spingeva il bolo gommoso rosa Big Babol verso destra, poi verso sinistra, poi di nuovo verso destra, come una femmina stanca di cammello.

Ma tutto si poteva dire alla Trefoloni, fuorché che fosse stanca. Fisicamente inadatta all'inattività, Arianna versava in un eterno movimento sia che fosse a casa, che in giro con gli amici, o a scuola. Soprattutto a scuola.

Trefoloni, cosa fai in giro per la classe? Non segui la lezione, oggi? Questa è l'ora di letteratura, non di educazione fisica. Lo striscione per la manifestazione lo prepari a casa. Riponi i pennarelli. Sputa la gomma. Non masticare a bocca aperta. Siedi composta. Prendi appunti e per un quarto d'ora cerca di non intervenire solo per il gusto di andare contro. Contro cosa vai, Trefoloni? Cosa ti irrita tanto, di Manzoni? Cosa non condividi, di Parini?

«O professoressa» rispondeva Arianna Trefoloni. E dentro il vocativo scarno lasciato lì in sospeso con cui ti forniva una risposta sola per tutte le domande che le avevi e che le avresti fatto, c'era contenuto compresso e sigillato il suo fastidio per chi voleva almeno proporle, se non imporle, attività diverse da quelle a cui lei s'intestardiva a dedicarsi.

Ma poi figuriamoci se la Trefoloni si sarebbe fatta dire cosa fare e cosa non fare da un'insegnante, da una professoressa, da una donna. Perché si diceva insofferente ai preconcetti e alle tradizioni culturali, però alla fine ne era vittima lei stessa. Tollerava una rampogna da quello di matematica, di fisica, di scienze. Ma da me non se ne parlava. A me, che pure mi appellavo al mito a cui il suo nome rimandava e le porgevo un filo affinché ci si aggrappasse e provasse un po' a seguirmi, indirizzava il suo stitico «o professoressa» e con quello credeva di pagarmi.

Il suo debito d'attenzione e di deferenza nei miei confronti lo considerai saldato solo l'anno scorso, quando da quella ragazza ruvida e graffiante ricevetti una lettera che conteneva il racconto della sua vita successiva alla tortura dell'obbligo scolastico e al raggiungimento dell'età maggiore. Aveva viaggiato per quattro anni, ("Ci pensa profe? Quarantotto mesi!"), era andata a guardare com'era fatto il mondo ("Nord-sud-ovest-est, eh profe, come diceva quel cesso di canzone?"), si era trattenuta dove la gente viveva di poco ("Ah, l'India, professoressa, l'India..."), aveva messo una radice ("A Goa sono rimasta un mese e mezzo"), due ("A Bangalore otto settimane"), poi era ripartita, famelica di terre e conoscenze vive, curiosa di visi e nomi sconosciuti. Aveva letto molti libri ("La Cvetaeva e la Achmatova, la Ginzburg e le sorelle Brontë"). Aveva studiato e finalmente imparato a parlare inglese ("Glielo dica lei, alla Giovannelli!"). Aveva fatto cento lavori e nessuno che c'entrasse qualche cosa con quello fatto prima o che avrebbe fatto dopo. Aveva adottato un cane ("Arturo, vedesse com'è").

Aveva incontrato un uomo ("Un giorno ci vediamo e glielo presento"). Aveva avuto un figlio ("Che storia, Lapo...").

Aveva capito che la vera ribellione era imparare a vivere bene, a trovare la felicità anche negli impegni, nelle scadenze, nelle regole di tutti i giorni, e che poteva, anzi doveva attuarsi nei modi equilibrati e gentili di cui solo le donne dispongono ("Be', quando ne dispongono, professoressa: la classe non è mica acqua").

Il piagnone

In quei tre anni che trascorsi alle medie a seguito del passaggio in ruolo, uno che in classe piangeva di continuo ce l'avevo ma non mi faceva tanta specie: aveva undici anni, era piccino come un cecio, fragile, indifeso e impaurito da tutto. Specialmente dai brutti voti.

Chissà cosa ci vedeva, Cecino, dietro quella sedia stilizzata (il 4), dietro quella pista polistil spaccata nel mezzo (il 3), dietro quella virgola appoggiata su una base (il 2). In fondo non erano che numeri. È vero, riconducevano a valutazioni che non potevano propriamente dirsi felici, ma via, piangere ogni volta, in quel modo, per un'insufficienza.

Per cui quando ottenni il passaggio di ruolo e me ne tornai alle superiori a cui avevo dedicato tutto il mio appassionato precariato, mi sentii rinascere e disegnai nella mia testa scenari beati dove io ammollavo votacci a destra e a manca e i destinatari li accoglievano con l'atteggiamento stoico che distingue il grande, vincente adolescente dal pavido, risibile preadolescente. Finalmente mi sarei potuta lasciar andare all'implacabile giudizio. Finalmente avrei potuto astenermi dall'essere insegnante e al contempo consolatrice degli afflitti, assistente sociale, mamma, tata e zia. Finalmente avrei fatto solo quello che mi piaceva tanto: la professoressa.

«Cosa succede laggiù? Cos'è questo brusio?»

«Professoressa, il Nesi piange.»

Giacomo Nesi, quarta classe sezione C dell'Istituto Tecnico per Geometri, età diciotto anni, altezza centottantotto centimetri, peso settantanove chilogrammi, segni particolari occhiali con lenti da correzione di miopia. Perché Giacomo Nesi studia, non come tanti qui dentro che scaldano solamente il banco.

«Piange?!»

«Sì professoressa, guardi: piange.»

«E perché piange?»

«Eh, perché professoressa... perché, perché...»

«Eh, appunto, perché?»

«O professoressa anche lei però, su...»

«Insomma, me lo dite o no cosa sta succedendo?»

«Ah, noi glielo dobbiamo dire?! Professoressa! Il quattro gliel'ha dato lei, mica noi!»

Giacomo Nesi, classe quarta sezione C dell'Istituto Tecnico per Geometri, età quella, altezza quella, peso quell'altro, insomma lui, il Nesi: piange. E piange perché ha preso quattro al questionario di storia.

«Giacomo, è vero quello che stanno dicendo i tuoi compagni?»

«...»

«Giacomo, vuoi provare ad alzare gli occhi e a guardarmi?»

«...»

«Giacomo, dimmi la verità: è successo qualcosa di grave a casa?»

«...»

«Vuoi che usciamo un attimo nel corridoio e ne parliamo insieme io e te?»

«...»

La puoi anche far finita, con tutte queste domande sciocche che vanno alla ricerca di un motivo più profondo e strutturato nel nome del quale valga la pena piangere: il Nesi piange – e i suoi compagni sono stati molto chiari dall'inizio – perché gli hai dato quattro.

Ed è perfettamente assurdo che, in un momento come questo, tu ti ostini ad avere una risposta ragionata e articolata da parte di quel poveretto: come puoi pretendere che le sue repliche vadano oltre i tre puntini di sospensione? Non vedi tu, docente algida e spietata donna, che al Nesi per i vapori acquei prodotti in abbondanza dal suo corpo si sono appannate le lenti da miope? Non avverti tu la fatica che fa a respirare, da quando i muchi si sono radunati nell'area compresa tra fosse nasali, vestiboli e atri? Non odi i catarri che, generatisi nella rinofaringe, hanno preso a distribuirsi equamente tra oro e ipofaringe e ora lentamente calano puntando al condotto laringeo? E non vedi come il disgraziato, allo scopo di rimuovere la parte più materica che gli cola addosso, si serve delle mani (prima il dorso, su su fino all'attaccatura del polso in una strisciatona di lumaca, poi la parte interna, aggiustata a conchetta, che raccoglie, asporta e occulta con mossa disinvolta tra le pieghe del jeans)?

Mostra almeno un po' di compassione, un minimo di pietà umana. E accogli le lacrime di questo ragazzo, consolale, asciugale. Te l'ha detto anche la sua mamma.

«Sì poverino, cosa vuole, lui fa così... ha sempre fatto così... Infatti professoressa sono passata giusto a chiederle se cortesemente potrebbe limitarsi il più possibile nel dare a Giacomo tutte queste insufficienze, che lo mortificano inutilmente.»

Visto?

L'extracomunitario

Parlo di te, Ndulu, primo studente straniero che, una decina d'anni fa, mi ritrovai all'improvviso in classe. All'improvviso, perché era l'inizio di dicembre quando tu giungesti in Europa dall'Africa, dalla Costa d'Avorio in Italia, e fosti infilato da un giorno all'altro in quella prima B che da sola sarebbe bastata a darmi lavoro e pensieri. Facevano un casino immane, in quella classe, trenta adolescenti, tutti maschi, pigiati come acciughe in uno stanzone dall'acustica pessima che amplificava quello che per i soffitti troppo alti rimbombava già di suo. Tu arrivasti ed eri un pezzo d'ebano privo di parola. Alle otto del mattino sembravi già incazzato. Con ogni probabilità lo eri. Scarpe pesanti al posto di ciabatte di gomma. Maglioni di lana anziché la pelle al sole. Era un freddo infame quell'anno, a Firenze. E tu non capivi una parola. Ti dico la verità, Ndulu: le prime settimane ti vissi come un problema ulteriore, come qualcosa di cui avrei fatto volentieri a meno. Coi trenta italiani a cui tentavo d'insegnare la sintassi della frase semplice non venivo a capo di nulla. Ci mancavi solo te, col tuo francese musicale, ma il tuo italiano muto. Invece poi (te lo ricordi?) fu messo in piedi un corso pomeridiano, accelerato e individuale. Solo per te. Solo io e te. Imparasti a parlare. Imparai a capirti. Comunicammo. E forse alla fine non eri più così incazzato.

E parlo di te, Mahesh, giovane indiano dallo sguardo liquido e dalla bocca esagerata che venivi dal Punjab, dove a scuola si sta in quaranta per classe, anche cinquanta, eppure non vola una mosca, perché i maestri sono duri, cattivi, violenti, e usano un bastone fine e lungo per colpire chi respira più forte degli altri. Anche tu arrivasti a giochi iniziati, anche tu piombasti in aula dal nulla, dopo che per un pomeriggio intero gli insegnanti delle altre sezioni ti avevano palleggiato fino a convincere il preside a non affibbiarti proprio a loro, ché saresti stato una zavorra, perché sulla tua scheda c'era scritto che non parlavi e non capivi. Infatti lui che fece: ti appioppò a me. Avevi l'età giusta per il biennio superiore, la scuola italiana ti rispediva alle medie. Il dramma fu che, per tre mesi, non guardasti e non reagisti. Ti eri fatto ingoiare dal piumino nero, quel giubbotto unto che era la tua spelonca, il tuo nascondiglio, che non volesti togliere fino alla metà di maggio, quando finalmente lo riponesti nell'armadio o forse buttasti via, insieme all'imbarazzo e all'inglese imbastardito con cui raramente ti esprimevi, per sfoggiare camicie improbabili, pacchiane: bellissime.

Parlo anche di te, Mico, ragazzo rom che ti vergognavi a vivere in roulotte e che rinascesti quando il Comune destinò alla tua famiglia una casa vera, stabile, immobile, fatta di mattoni e di cemento. Me lo scrivevi dentro i temi quello che avresti pagato per riscattarti da una condizione che non avevi scelto, quello che avresti studiato per emanciparti, per diventare, un giorno, dentista. Ma non odontotecnico, puntualizzavi: odontoiatra.

Vi chiamano "nuovi italiani". Peggio ancora, "diversamente italiani". La peggiore politica prova ad arginarvi, a ghettizzarvi, quando non a rimandarvi indietro del tutto. Le peggiori persone temono l'inquinamento razziale, la mescolanza religiosa, l'imbarbarimento sociale, e invocano classi parallele ma ben separate, come rette che non s'incontrino mai con le loro.

Vi seguo a distanza e vi so premiati, riconosciuti, valorizzati. Vi leggo come esempi riportati sui giornali.

Il grazie che vi scrivo è da girare ai vostri genitori, che vi ripetono ogni giorno quanto sia importante studiare e migliorarsi, che hanno ancora fiducia nella scuola e non si pavoneggiano per i vostri voti alti perché pensano che stiate semplicemente facendo il vostro dovere, che il pezzo di carta lo chiamano diploma.

Che sono uguali a com'erano, in un tempo non molto lontano, i genitori italiani.

Il figlio di papà

Guarda che, se il figlio di papà viene alla statale, è solo perché ci è venuto il suo compagno delle medie. Alla prima occasione in cui si sentirà incompreso o non abbastanza rispettato leverà le tende, girerà i tacchi e se ne andrà alla privata. Eccerto che il papà lo sa: gliel'ha detto proprio lui, l'altra sera a cena. Che anzi, fosse stato per suo padre, lui alla statale non ci avrebbe messo neanche il naso.

Ma dico: vuoi mettere le private con quella sozzeria delle statali? Ci hai mai parlato con i proprietari di una privata? No, non con il preside (che alla privata non conta nulla e sta lì soltanto per rappresentanza). Con i proprietari, dico. Che signori, che classe. E che garanzie. Ti assicurano la promozione prima ancora di guardarti in faccia e stringerti la mano. E non ti obbligano nemmeno a frequentare tutti i santi giorni le benedette lezioni che quei docenti (di rappresentanza pure loro, per di più sottopagati) si ostinano a tenere per via di una coscienza bislacca e petulante. Basta andare ogni tanto, farsi vedere, per confermare l'iscrizione che giustifica l'esistenza della classe e conseguentemente della scuola. Q.b., quanto basta, come il sale nelle ricette.

E poi alla privata mica c'è tutto quel casino che c'è alla statale: niente occupazione, niente autogestione, scioperi zero, per cosa vuoi scioperare, che c'è tutto, alla privata? Le aule pulite, l'ambiente tranquillo e la carta igienica nei cessi mai una volta che sia finita. Dammi retta: mandare un figlio alla privata è come avere già il pezzo di carta (sì insomma, il diploma) incorniciato al muro.

Per il momento comunque pascola bellamente alla statale, il figlio di papà.

A scuola ce lo accompagna il papà stesso, la Nuova Porche Cayenne uscita il maggio scorso (117.675 euro) che tace anche a motore acceso davanti al cancello, e Paladini Piergiorgio che scivola con eleganza affettata dall'abitacolo alto come un primo piano. Hai cuore a dirgli che si dice Piergiorgio Paladini e non Paladini Piergiorgio, che prima si mette il nome e poi il cognome, sennò si fa la figura da ignoranti.

«Ma sul registro, all'appello...»

«Sì, Paladini, ma il registro l'ordine inverso ce lo impone per una questione di criterio alfabetico. Tu però nella vita dovresti ricordare di anteporre sempre il nome al cognome, perché la regola grammaticale italiana, vedi, è esattamente questa.»

«Mio padre invece dice che l'unica regola che conta davvero nella vita è avere soldi: con tanti soldi potrò permettermi anche di presentarmi come Paladini Piergiorgio.»

Hai capito, il Paladini. E hai cuore a fargli presente che, senza un bagaglio culturale da portarsi dietro, solo coi soldi e col cognome andrà da poche parti, quella zucca vuota. Lui ti punta gli occhi addosso e quello sguardo beffardo esprime fedelmente cosa quella zucca vuota pensa di te: tu sei una docente – che tradotto fa perdente –, guadagni una miseria, per cui a livello sociale tendi all'insignificante, non hai il rispetto dei politici, delle altre categorie professionali né dell'opinione pubblica, mio padre – che ha sempre scritto Paladini Massimo – ha maneggiato più soldi negli ultimi sei mesi di te in tutta la tua vita, ma poi che vuoi da me, io alla statale ci vengo solo perché ci è venuto il Buti, e se mi bocci me ne frego, e vado alla privata.

Effettivamente il Buti mai neanche una materia a settembre, Piergiorgio Paladini in seconda invece fu bocciato. E l'anno dopo s'iscrisse alla privata dove rimase fino alla maturità, momento in cui fu costretto a presentarsi davanti a una commissione che, per metà, veniva dalla scuola statale.

Seduto davanti a dieci insegnanti che intendevano interrogarlo per dargli una valutazione da sommare al credito scolastico e ai voti presi alle tre prove scritte, il Paladini ebbe vistose esitazioni a rispondere a domande sui contenuti, ma non manifestò remora alcuna nel motivare la sua ignoranza cosmica.

«Guardi, per quanto mi riguarda può anche evitare di farmi altre domande» disse al commissario esterno di Lettere, «non ho la minima idea del programma che abbiamo svolto né a italiano né a storia e, a volerla dire tutta fino in fondo come sta, a me le sue materie fanno veramente schifo.»

Così disse, il Paladini. Disse *schifo*. Lo disse con il suo sguardo di sfida e il suo sorriso beffardo, giustificando la tracotanza con una naturale vocazione alla sincerità. Quindi, prima di alzarsi e andarsene, firmò il verbale anteponendo al nome il suo cognome.

Padroneggio l'episodio e mi addentro nei particolari perché il commissario esterno di Lettere, a quell'esame, ero io.

Il figlio di separati

Un tema sulla famiglia era l'ultima cosa che mi ci voleva.

I temi personali mi piacevano un casino, poi ho smesso di amarli quel giorno che ho visto il babbo fare la valigia, darmi un bacino sulla testa e andare via di casa.

Era domenica ed eravamo stati a vedere i daini a Vallombrosa. Io adoro i daini, ma la mamma e il babbo era stato tutto uno stuzzicarsi, un rispondersi male. Certe occhiatacce, e poi ogni tanto qualche frase a voce bassa che non mi riusciva mai di capire in tempo. Al ritorno trovammo la coda, così alle loro rabbie si aggiunse anche il nervoso e iniziarono a litigare in macchina. Io quel giorno capii che al babbo gli piaceva un'altra donna.

La mamma lo diceva sempre che il babbo era "un ballerino" e io avevo capito che ballava bene anche perché si erano conosciuti al Paramatta, invece poi ho capito che voleva dire uno che cambia spesso fidanzata.

La mamma era stata la sua ventunesima ragazza ed era rimasta incinta ed ero nata io, così si erano sposati. Forse se io non fossi nata loro non si sarebbero sposati mai e si sarebbero lasciati molto prima senza tanti problemi. Io li ho sempre visti litigare tanto, a volte anche scherzare, ma di più discutere e tenersi il muso.

Una volta litigarono talmente tanto che la mamma mi prese e mi portò a casa della nonna per un po'. Disse che doveva stare un po' da sola con il babbo e provare a farci la pace. A casa della nonna però tutti erano tristi e io pensavo chissà se sono tristi a causa di questa cosa.

Quando il babbo venne a prendermi mi sentivo così felice, lo guardavo per cercare di capire se anche lui era così felice come me. Ma lui guidava e guardava sempre la strada davanti. A casa per un po' andarono d'accordo. Il babbo tornava a cena ogni sera e dopo cena non usciva più.

Adesso io e la mamma viviamo sole. Il babbo sta insieme a un'altra donna, proprio quella che gli piaceva, e da un anno hanno avuto una bambina.

Quando venni a sapere che il babbo aspettava un altro figlio da questa nuova compagna mi sentii malissimo e lo odiai. Non ho voluto parlarci per diversi mesi, vedevo la mamma stare male e sapevo che stava male per lo stesso mio motivo.

Ora tutto sommato va meglio, io e il babbo abbiamo ricominciato a vederci, lui mi viene a prendere e mi porta dalla sorellina, sto un po' con loro, le metto sui capelli dei fermagli che compro per lei al mercato, poi torno a casa dalla mamma e le dico che sono stata abbastanza bene, le racconto qualche cosa, però poco, per non farla soffrire. Lei mi dice che gli uomini fanno soffrire e che se sarò furba non mi sposerò mai. Io mi metto a ridere, le dico che invece mi voglio sposare perché credo nell'amore e che forse il Tonelli (quello di classe mia, che piace a me) non sarà un ballerino come il babbo.

Ma quando resto sola nella mia cameretta e mi lascio andare, piango, perché il babbo mi manca moltissimo e non riesco ad accettare il fatto che se ne sia andato per sempre e adesso abbia una nuova famiglia.

Elisa Merli

I miei genitori sono stati insieme molti anni, hanno cambiato quattro case, hanno fatto due figli, e poi si sono lasciati.

Io sinceramente non me lo sarei mai aspettato e all'inizio sono rimasto molto stupito. Mi dispiaceva, perché a me sembrava di stare bene con tutti e due.

Un giorno sono tornato da scuola e c'era la mamma che buttava via tutta la roba del babbo, gliela accatastava in fondo alle scale, ma non per bene, a casaccio, in disordine.

Il babbo è arrivato quella sera, ha preso quelle cose, mi ha detto Mattia non ti preoccupare domani vengo a prenderti a scuola, ed è andato a dormire a casa dei nonni.

Il giorno dopo a prendermi a scuola c'è venuto per davvero, siamo andati a mangiare un panino all'Arno e abbiamo parlato. Mi ha detto che lui e la mamma volevano tanto bene sia a me che a Leonardo (Leonardo è mio fratello, è grande e fa l'università a Bologna) ma loro non se ne volevano più così tanto, sicché era preferibile lasciarsi.

All'inizio era un gran casino, non ci capivo nulla, un giorno stavo con il babbo, il giorno dopo con la mamma. Nei primi mesi a dormire tornavo sempre a casa dalla mamma.

Poi il babbo ha comprato una casa nuova, l'ha arredata tutta, e ho cominciato a restare a dormire anche da lui.

Sinceramente il babbo ha fatto per me una camera fantastica che quando sono da lui non sento la mancanza nemmeno della play. Un giorno mi ha portato all'Ikea e insieme abbiamo scelto una libreria, un armadio, una scrivania e un attaccapanni. Il lettino ce l'aveva. Così ora ho tutto, non mi manca niente e anzi, ad avere due camere e due case mi diverto troppo.

Prima con il babbo non ci parlavo così tanto. Lui più che altro mi parlava per rimproverarmi e per vietarmi di guardare troppo la televisione. Faceva sempre la parte del cattivo insomma. Spesso era musone e non mi sembrava mai felice.

Ora passiamo insieme un sacco di tempo e facciamo mille cose divertenti: mi porta a pescare, mi accompagna e mi viene a riprendere agli allenamenti, mi porta con sé a trovare gli amici quando gioca la Fiorentina e m'insegna a usare il computer. Il babbo poi è bravissimo a cucinare, ogni volta che passo la giornata insieme a lui prepara delle cose eccezionali, per esempio polpette di verdure ripassate nel sughino e addirittura la peperonata che come la fa lui, nessuno.

Certo, quando devo studiare non sente storie e pretende che a scuola sia sempre in pari. Spesso a parlare con i professori ci va lui. Altre volte anche la mamma. A volte alla mamma dico che i compiti li ho già fatti con il babbo, e al babbo che sono a posto perché li ho fatti a casa dalla mamma. E a volte quando sono con il babbo gli dico che sto meglio insieme a lui che con la mamma, ma poi alla mamma più o meno dico la stessa cosa.

Mattia Bitossi

Introdotta nel 1970 all'interno del sistema giuridico italiano nonostante l'opposizione della Democrazia cristiana, la legge 898 sul divorzio era il risultato della combinazione del progetto di legge di Loris Fortuna con un altro presentato dal deputato liberale Antonio Baslini.

A seguito delle ampie polemiche che accompagnarono l'introduzione del divorzio nel nostro paese, il 12 maggio 1974 gli italiani furono chiamati a decidere se abrogare la legge Fortuna-Baslini. Partecipò al voto l'87,7 per cento degli aventi diritto; votò no il 59,3 per cento, mentre i sì furono il 40,7 per cento.

Secondo i dati Istat (l'indagine si ferma all'anno 2005 poiché lo studio è circoscritto al periodo precedente l'entrata in vigore della legge che ha introdotto l'affidamento condiviso dei figli minori in caso di conflitto coniugale), nel 2000 i divorzi, tra consensuali e giudiziali, sono stati 71.969; nel 2005, 82.291.

La crisi economica degli ultimi anni, lungi dal trattenere insieme i coniugi anche solo per provare a fronteggiarla meglio, di fatto accelera – col suo carico di tensioni, difficoltà e frustrazioni – il processo delle separazioni.

Il sito ItaliaOra, che si rifà a dati basati su fonti Istat, Ministero dell'Economia e delle Finanze, Ministero dell'Interno e Ministero della Salute, riporta che nel giugno 2010 i separati in Italia sono 67.480.

Il figlio di puttana

Del tutto inutile fingere il contrario: i figli di puttana esistono.

Certo va detto che l'espressione, da tempo desemantizzata, non si riferisce alla professione svolta dalle loro madri.

La mamma del figlio di puttana spesso è impiegata alle poste o alla Asl, occasionalmente rampante imprenditrice, per lo più atta a casa. In realtà lei non c'entra niente con le caratteristiche del ragazzo oggetto della nostra analisi e sembrerà difficile da credere, ma figlio di puttana può avere duplice accezione ed essere letta in senso infamante e in senso quasi meritorio.

Se in sala professori, confrontandomi con una collega sulla mattinata che ormai volge alla fine, chioserò ruggendo: «Certo che quel Barbetti però è proprio un figlio di puttana...» mentre sul volto la fronte mi s'aggrotta, gli occhi mi si fanno scuri, la bocca piega gli angoli verso il basso disgustata, quello che intendo dire non prometterà niente di buono.

In effetti Gianluca Barbetti è difficile da mandar giù. Spregiudicato e voltafaccia coi compagni, infido e biforcuto coi docenti, egli più che un diciassettenne comune è un serpente velenoso che la tassonomia ufficiale catalogherebbe tra la Superfamiglia Colubroidea ovvero Xenophidia, tra i più pericolosi. Nel genere Figli di Puttana, egli appartiene indubbiamente al tipo A, quelli cattivi.

Poniamo ora il caso che io, sempre in sala professori e di

nuovo a confronto con un'amabile collega, mi lasci andare a un divertito, quasi commosso «Però, il Fanelli... che figlio di puttana!», e contemporaneamente sorrida a tutti denti, e strizzi gli occhi come un cane a cui stanno facendo il gratta-gratta sul pancino: non si potrebbe certo sospettare che un sentimento malevolo abbia ispirato quelle mie parole.

Ma infatti, come si fa a pensare male di Fabio Fanelli? Quel ragazzo spilungone e curvo a gruccia, di seconda B, è il mio occhio diritto. E sì che l'insegnante dell'anno precedente ce l'aveva messa tutta, affinché io partissi prevenuta e col tempo arrivassi a detestarlo: «Guarda, ti avverto: il Fanelli lo devi mazzolare perché è un furbino».

Forse intendeva dire che, a sedici anni appena, egli possedeva già congiunte insieme e perfettamente amalgamate l'ars diplomatica e l'ars seduttiva. Esattamente questo intendo infatti per figlio di puttana quasi meritorio: uno di quelli del tipo B. Un figlio di puttana innocuo, benigno, addirittura amabile, quasi commovente.

«Pagina 415, cinque e quattro nove, più uno dieci: Fanelli vieni, tocca a te.»

«Tocca a me che cosa, scusi, professoressa?»

«Venire interrogato, forza.»

«Venire interrogato a che cosa, professoressa?»

«Fanelli, io insegno italiano e storia, oggi c'è italiano, quindi direi italiano: vieni interrogato in italiano, su.»

«Ma che italiano c'è di preciso oggi, professoressa, grammatica o antologia?»

«Grammatica Fanelli, oggi è lunedì e c'è grammatica.»

«Ecco, lo sapevo: ho portato antologia.»

«Allora vieni ad antologia e poi alla fine ti faccio qualche domandina di grammatica.»

«No, come professoressa, non mi pare giusto.»

«Non starti a chiedere se è giusto o se non è giusto: prendi la tua seggiolina e vieni qua alla cattedra vicino a me, dài.»

«Che poi professoressa, il lunedì non interroga altro che lei: lo sa che in nessuna scuola d'Italia s'interroga, di lunedì?»

«No, non lo sapevo Fanelli. Ora che lo so però mi cambia poco: tu oltretutto non hai nemmeno un voto e ti sei già giustificato le due volte che concedo a quadrimestre.»

«Per forza professoressa, non se lo ricorda? Prima cascai di motorino, e poi...»

«... e poi ti rimase il piede incastrato alla porta dell'autobus mentre scendevi, vedi che me lo ricordo? Dài però, adesso vieni.»

«Ancora non è che abbia recuperato bene tutte le lezioni.»

«Ma se non sei stato assente che due giorni?!»

«Sì, ma la mattina non viene mica soltanto lei in classe a farci lezione, abbiamo un sacco di materie, eh ragazzi?»

«È vero profe, ha ragione il Fanelli.»

«Ma di che v'impicciate voi, 'ndiamo Fanelli, non mi far perdere tutto questo tempo.»

«Professoressa, lo dice sempre lei che nella vita bisogna anche saper perdere tempo, fare un po' tardi a ragionare di sentimenti con gli amici, sottrarsi a questi ritmi infernali della società moderna. A me pareva carina questa chiacchierata qua che stava venendo fuori tra me, lei professoressa, e tutta la classe.»

«Fanelli prima di tutto noi non siamo amici, seconda cosa qui chi ragiona sei soltanto tu e lo fai con l'evidente scopo di far suonare la campanella.»

Che infatti suona, e mi lascia a bocca asciutta, sola e frustrata (ma sedotta e commossa) alla cattedra, mentre il Fanelli riesce ogni volta a non staccarsi dal banco per sorbirsi l'interrogazione. E lo so che m'inganna, lo so che mi raggira, lo so che è ancora senza voto, lo so che a Natale mi regalerà il pandoro perché sa che ci camperei, che per il compleanno mi farà trovare un libro nel cassetto perché vuole a tutti i costi che provi a leggere un fantasy anche se li odio, che l'otto marzo arriverà in classe con la mimosa perché sa che il profumo di quel fiore mi confonde.

«Vede» dico al signor Fanelli quando viene al ricevimento generale «suo figlio ci sa fare, è diplomatico, non è mai polemico, prende tutti per il verso giusto, certo, non si può dire che s'ammazzi di studio, però il suo, insomma, piano

piano lo fa, certo, potrebbe fare molto, molto di più, ma lui compensa le sue dimenticanze con la gentilezza ironica con cui s'accosta alle persone, perché vede, lui è...»

«Glielo dico io, professoressa, cos'è lui: un figlio di buona donna, ecco cos'è.»

Questo intendo, quando dico che i docenti e i genitori dovrebbero sforzarsi di parlare la stessa lingua.

Per comprendersi, finalmente.

Grazie a...

Alberto Gelsumini, il mio editor alto e rigoroso, che ha sostenuto questo lavoro.

Barbara Gatti, la mia redattrice ironica, che ha proposto un *labor limae* accolto e condiviso.

Elena Pierozzi, Alessandra Laurini e Gaia Capecchi, le mie amiche femmine, mamme obiettive, donne emancipate.

Davide Gigli, prima mio amico di Rete, ora amico a tutti gli effetti.

Davide Ghisalberti, quattordici anni fa mio studente di liceo, oggi amico epistolare, presto padre di un bambino in arrivo.

Tommaso Landi, mio fratello, padre di un bambino delizioso arrivato da tre anni.

Micino da Scansano, la perfetta via di mezzo tra un gatto e un cane.

Lorenzo Borgioli, l'uomo con cui divido la vita, in questa parte di vita.

Arnoldo Mondadori Editore S.p.A.

Questo volume è stato stampato
presso Mondadori Printing S.p.A.
Stabilimento Nuova Stampa Mondadori - Cles (TN)

Stampato in Italia - Printed in Italy